KB262971

몽만지가 아니다

묻고 답하며 깨치는 법 이야기

똥딴지가 아니다

2010년 10월 8일 처음 펴냄
2018년 4월 10일 8쇄 펴냄

지은이 차병직
그린이 왕소희
펴낸이 신명철
펴낸곳 (주)우리교육
등록 제 313-2001-52호
주소 03993 서울특별시 마포구 월드컵북로 6길 46
전화 02-3142-6770
팩스 02-3142-6772
홈페이지 www.uriedu.co.kr

ⓒ 차병직, 2010
ISBN 978-89-8040-937-2 43300

이 도서의 국립중앙도서관 출판시도서목록(CIP)는
e-CIP홈페이지(http://www.nl.go.kr/ecip)에서 이용하실 수 있습니다.
(CIP 제어번호:CIP2010003510)

물고 답하며 깨치는 법 이야기
뚱딴지가 아니다
차병직 글 | 왕소희 그림
궁리

세상 속으로 가는 길

지금 서 있는 곳에서 뒤돌아본다. 거기에는 어린 친구들이 달려 오고 있다. 우리는 세상 속에 있으므로, 앞도 뒤도 위도 아래도 모두 세상이다.

이렇게 생각한 적이 있다. 내일이 있는 쪽을 향해 서면, 지금은 내가 살아가는 세상, 앞은 내가 살아갈 세상, 뒤는 내가 살아온 세상인 줄 알았다. 뒤에 있는 아이들보다 나는 먼저 출발하여 온 만큼 많이 알고, 아이들은 그 길을 따라오는 줄 알았다. 그 길은 사회라는 것이고, 사회를 만들고 있는 재료 중의 하나가 법이다.

그런데 가던 길을 멈추고 뒤돌아서서 잠깐 생각에 잠겼다. 어 느 쪽이 앞이고 어느 쪽이 뒤인지 반드시 정해져 있는 것일까?

방 안에서 눈을 가린 채 전속력으로 뱅글뱅글 열 바퀴 정도 맴을 돌고 나면, 문이 어디 있는지 찾을 수 없다. 곁에 눈을 가리 지 않은 누군가가 있다면 방문이 있는 방향을 일러 줄 수는 있 다. 어른들이 가르쳐 줄 수 있는 지혜란 고작 그런 것이다.

하지만 방마다 하나씩 달린 문은 밖으로 통하는 유일한 길이 아니다. 창문을 넘어갈 수도 있고, 벽을 뚫어 새 통로를 만들어도 된다. 밖으로 나가 세상과 만나는 방법은 저마다 다를 수 있다.

이 책에 쓴 법과 사회의 이야기는 손가락으로 방에 있는 문을 가리키는 것과 같다. 창을 내거나 벽을 허무는 방법은 나도 모른다. 그런 멋진 생각은 어른이 아닌 아이들이 할 수 있기 때문이다. 운이 좋으면 뒤돌아보다가 어린 친구들에게 배울 수 있으리라 기대한다.

세상으로 통하는 벽은 얇을수록 좋다. 결코 뚱딴지 같은 생각이 아니다.

2010년 가을
이중나선으로 된 탑을 바라보며,
차병직

차례

1

눈에 보이지 않는다고?

우리 **생활** 속에 살아 움직이는 법

구름을 보는 순간, 그런 생각이 들었다.

'나는 구름과 다르게 만들어졌을까?'

뚱딴지 같은 소리가 아니다.

하늘은 마치 푸른 바다 같았고, 그 맑고 깊은 창공을 배경으로 파도의 거품이 부풀어 오르다 굳어 버린 섬처럼 구름이 한 점 떠 있었다. 가만 보니 떠 있다기보다, 피어 있었다.

구름은 커다란 꽃송이 같았다. 함박꽃처럼 탐스럽다 싶었는데, 갑자기 빛나는 장미같이 느껴졌다. 오후의 햇살이 멋진 조명이 되어 구름의 피부에 가 닿았기 때문이다.

학교 문을 나서던 기현이는 그만 아름다운 구름의 모습에 반해 버리고 말았다. 초등학교 때만 하더라도 구름을 보면 보드랍고 달콤한 솜사탕이나 가느다란 국숫발 같은 비를 뿌리는 밀가루 반죽을 떠올렸을 뿐인데, 중학생이 되자 꽤 멋있고 그럴듯한 기분에 빠져든 것이다.

기현이는 스스로 생각해도 대견했는지 혼자 슬며시 웃음을 흘렸다. 바로 그때, 그 생각이 떠올랐다. 그래서 집으로 가지 않고 이모의 사무실로 달렸다. 구름 때문이었다.

“웬일이니? 다행히 점심시간이 끝나지 않아 한가하다만, 이모가 있는지 전화라도 해 보고 와야지.”

“안 계시면 나중에 보면 되죠, 뭐. 갑자기 여쭤 볼 게 있어 뛰어왔어요. 지나면 잊어버릴지 모르니까요.”

“무슨 일인데? 무료 법률 상담이라도 하려고?”

“법하고 관련된 일이니까 이모를 찾아왔죠. 혹시 아까 하늘에 떠 있던 구름 보셨나요?”

“구름? 글쎄, 오늘 점심은 사무실에서 도시락을 먹어서 하늘을 볼 기회가 없었어. 무슨 대단한 일이라도 일어났니?”

“조금 전에 하늘에 아주 예쁜 구름이 떠올랐어요. 기가 막히게 고운 꽃송이 같았어요. 그런데 구름은 누가 그렇게 만든 게 아니라 저절로 생긴 거잖아요.”

“글쎄, 수분이 증발해 올라가서 팽창하면 이슬처럼 서로 엉겨 구름이 되겠지. 거기에 바람이 불면 우연히 멋있는 조각 모양이 되기도 하고, 햇빛이 비치면 아름다운 색을 띠기도 하지. 그러니 구름은 자연이 만든 것이겠지. 자연을 신이라고 생각하는 사람도 있을 테고.”

“그런데 그 구름은 아직도 그대로 있을까요?”

“지금쯤은 다시 바람이 불어 그 예쁜 구름은 다른 곳으로 날려 가 버렸을지 몰라. 바람이 만든 것을 바람이 가져가 버렸다고 생각하면 어떨까?”

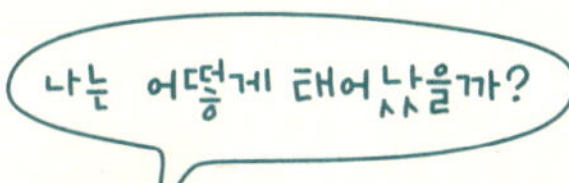

나는 어떻게 태어났을까?

멋진 고민이군! 훗~

구름처럼 뿅?

소파처럼 계획대로? 글쎄?

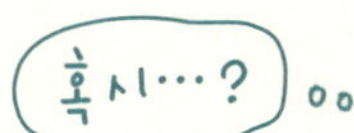

혹시…? ㅇㅇ

눈, 코, 입을 고를 수 있었다면
지금 이 얼굴은 아니겠지?

"그런데 저는 구름처럼 생겨난 것일까요, 아니면 누가 계획해서 태어난 것일까요?"

"갑자기 그건 무슨 소리니? 옛날 설화에 나오는 것처럼 숲 속에서 나는 울음소리를 듣고 달려가 너를 주워 온 것은 아니니까, 네가 구름처럼 하늘을 여행하다 우연히 떨어진 것은 아니잖니. 엄마와 아빠가 가족계획을 세워 너를 낳았으니, 당연히 계획에 따라 태어난 것이지."

"아니, 그런 계획 말고요. 뭔가 좀 다르단 말이에요. 봐요, 이모. 지금 앉아 있는 이 소파도 누군가 계획에 따라 만든 거잖아요. 우리가 편하게 앉을 수 있도록 디자이너가 이렇게 설계를 했고, 그것을 공장에서 만들었죠. 하지만 전 그렇지가 않잖아요. 엄마, 아빠가 아이를 하나 낳아야겠다고 생각은 했겠지만, 지금의 저를 낳겠다고 계획한 건 아니잖아요. 태어나기 전에는 딸인지 아들인지도 알 수 없었고, 눈은 큰지, 코는 낮은지, 무슨 음식을 잘 먹을지 아무것도 예상할 수 없었어요. 이름조차도 제가 태어난 뒤에 기현이라고 붙였으니까 기현이가 된 거죠."

"아, 그래. 네 말이 맞다. 네가 중학생이 되었다지만 그리 깊이 있는 생각을 하고 있는 줄 미처 몰랐구나. 철학자들은 일찌감치 그런 문제로 골머리를 앓아 왔단다. 갑자기 우리 기현이가 완전히 달라 보이는데! 그런데 도대체 그게 법과 무슨 관계가 있다는 거지?"

"그걸 지금부터 말씀드릴게요. 약간 복잡하긴 하지만, 이모가 들어 보면 복잡하지 않을 수도 있어요. 아이들이 머리를 싸매고 고민하는 문제를 어른들은 엉뚱하다고 여겨 버리곤 하지만요."

"오늘은 한마디 할 때마다 어른을 향해 성큼성큼 다가서는 것 같구나. 이모는 네 편에 설 준비가 되어 있어. 내 머리가 아무리 복잡해지더라도."

"오전에 학교에서 있었던 일부터 말씀드릴게요. 오늘 선생님께서 장래의 직업에 관한 이야기를 하자고 하셨어요. 직업은 각자 미래의 운명을 결정할 수 있는데, 자신이 스스로 선택할 수 있기 때문에 더 중요하다고 하셨어요. 우리는 구름처럼 저절로 생긴 것도 아니고, 그렇다고 이 푹신한 의자처럼 미리 꼼꼼하게 계획해서 만들어진 것도 아니잖아요. 그런데 직업은 자기 마음대로 선택해서 자신의 운명을 결정할 수 있다는 거였어요."

"헌법에도 **직업 선택의 자유**란 게 있지. 기회나 능력 같은 조건들이 걸려 있긴 하지만, 우선 네 말은 맞다고 해도 좋아. 그러니까 넌 오늘 짧은 순간에 구름과 많은 얘기를 나눴구나."

"그래요. 오늘 있었던 일들이 한순간에 떠올랐어요."

"그중에 내게 묻고 싶은 게 있는 거지?"

"오늘 수업 시간에 선생님이 지명하는 몇 사람이 나가서 자기가 선택하고 싶은 직업에 관해 발표를 했어요. 먼저 성민이는 의사가 되고 싶다고 했어요. 아픈 사람들을 고통 없이 잘 치료하고 싶다고 했는데, 지난 학기에 장염에 걸려 일주일 동안 고생했기 때문인 것 같아요."

"네 차례가 되어선 틀림없이 고고 인류학자가 되겠다고 했겠구나."

"고고학이 뭔지는 잘 모르지만, 고고 인류학자가 여전히 제 꿈 중에 하나이긴 해요. 그런데 바로 제 앞 차례였던 수혁이가 고고 인류학자가 되겠다고 말해 버렸어요. 전에 제가 하는 얘기를 들어서 그런 게 아닐까 싶어요."

"그게 어때서 그러니? 고고 인류학자가 한 반에서 두 사람 이상 나오지 말라는 법은 없잖아."

"하지만 연거푸 고고 인류학을 얘기하는 건 재미없잖아요. 수업 시간에 한 얘기가 정말 그대로 되는 것도 아니고요. 그래서 전 무심코 법률가가 되겠다고 했어요. 그런데 문제는 왜 법률가가 되려고 하느냐는 선생님의 질문에 제대로 대답을 못 했다는 거예요. 어려운 사람들을 도와주겠다고 했다가, 나중에는 이모가 변호사이신데 아주 멋져 보인다고 얼버무렸어요."

"네가 오늘 여기서 말하는 걸 들어 보면 법률가가 되고 싶은 이유를 아주 잘 설명했을 것 같은데?"

"여기서 평소와 다른 식으로 말한 게 있다면 그건 순전히 구름 탓이라니까요. 제가 궁금한 건 이거예요. 의사라는 직업은 무슨 일을 하는지 분명한데, 법률가는 그렇지 않단 말이죠."

“그래? 의외이기도 하고, 한편으론 그럴 것 같기도 하구나. 그
럼 왜 그런지 따져 보자. 의사란 직업은 어떻게 분명하지?”

“의사가 하는 일은 눈에 보이잖아요. 사고로 다쳐서 피가 철철
나는 사람의 상처는 바로 치료해야 하고, 병을 일으키는 균은 현
미경을 통해 확인할 수 있고요. 감기나 몸살은 몸으로 느끼고,
무서운 암은 여러 가지 방법으로 진단이 가능하잖아요.”

“네가 아픈 것 같진 않지만, 네 말을 듣고 있으니 아픈 사람들
이 실감나게 떠오르는구나.”

“거기에 비하면 법률가가 하는 일은 금방 떠오르지 않아요. 법
률가가 법을 다루는 전문가라면, 법은 어디 있는 거죠? 법은 병
균이나 상처처럼 눈에 보이지 않잖아요.”

“오호라, 네가 달려온 이유가 바로 거기 있었구나. 법이란 무슨
무슨 법률이란 이름으로 이 커다란 법전 속에 담겨 있단다. 지금
이 속에 들어 있는 법률만 해도 수천 개가 넘지. 그 법들은 법전
속에 활자로만 박혀 있는 게 아니라, 우리 생활 속에 살아서 움
직인단다.”

“법이 살아서 움직인다고요? 전혀 느낄 수 없는데도요? 나쁜
범죄를 저지른 사람이라면 모를까, 보통 사람들은 법을 알 수도
없을 뿐더러 필요로 하지도 않잖아요.”

“잠깐, 그렇게 단정 지을 순 없지. 모든 사람에게 법은 필요하
고, 우리 모두가 법 속에서 살아가고 있으니까. 다른 골치 아픈

이야기보다 그것부터 따져 보면 좋겠구나. 그런데 이모가 손님을 만나야 할 시간이 다 됐어. 네 의문에 대한 답은 오늘 저녁에 전자 우편으로 보내 줄게. 그걸 읽으면 꽃구름이 널 여기까지 오게 한 데 보람을 느낄지도 몰라."

"알았어요, 이모. 그런데 우리는 전자 우편이라고 하면 금방 알아듣지 못해요. 이메일이라고 해야 통한다고요."

보낸 사람

첫 강의를 하듯 두근거리는 가슴으로@이모

받는 사람

미래의 법률가, 지금은 중학생@기현

참조

성민, 수혁, 기현이 선생님, 구름

제목

생활 속에 숨어 있는 법

기현이에게.

너는 법이 어디 있는지 모르겠다고 했지. 많은 사람들이 그렇게 생각할 수도 있어. 특별한 사건을 겪지 않고, 열심히 자기 할 일을 하면서 살아가는 사람들에게는 애당초 법이 필요 없는 것처럼 보이기도 할 거야. 그래서 평범하고 선량한 이웃을 흔히 '법 없이도 사는 사람'이라고 하지. 하지만 엄격히 말하면 그 표현은 틀린 거란다. 우리 주변에 법 없이 살아가고 있는 사람은 없기 때문이야.

소리 없이 하루를 안내하는 신호등

우리는 누구나 촘촘한 법의 그물망 속에서 생활하고 있어. 법이라는 그물은 우리가 움직이는 모든 공간에 쳐져 있지만, 눈에 보이지도 않고 피부로 느낄 수도 없는 투명한 실로 짜여 있어서 잘 모르고 지나칠 뿐이지.

그런데도 법은 마치 저절로 돌아가는 기계처럼 우리 생활을 편리하게 해 준단다. 그러다가 가끔씩 네 눈에 모습을 드러낼 때도 있어. 도저히 가만히 둘 수 없다고 판단이 되면 법은 진짜 그물이 되어 죄 지은 사람을 체포하기도 해. 반대로 억울한 사정을 알아챘을 땐 스스로 가위를 들어 그물을 잘라 곤경에 처한 사람에게 자유를 선물하기도 하지. 그런 광경을 텔레비전 뉴스나 드라마에서 본 적이 있을 거야. 너는 가끔 그런 모습들을 보겠지만, 여러 가지 세상일에 복잡하게 얽힌 어른들은 꽤 자주 겪는 일이기도 하단다.

그럼 이제 법이란 게 어떻게 우리 주변에서 일상을 함께 하는지 따져 보자. 먼저 너의 하루 생활에서 법을 찾아볼까? 네 입장에서는 법 이름이 지나치게 많고, 길고, 또 어렵게 느껴질 수도 있어. 하지만 그 법들이 햇살이나 새들의 날갯짓 혹은 꽃향기처럼 너에게 소리 없는 말을 걸며 하루를 안내하는 신호등이라 생각하렴. 그리고 그 법의 이름들은 이 편지에서 딱 한 번씩만 등장할 거니까 조금만 참아 보렴.

매일 아침 너는 요란한 자명종 소리에 놀라 잠을 깰 거야. 웬만한 소리에는 네가 잘 일어나지 않아서 네 엄마가 볼륨을 크게 올려 놓았다고 들었어. 동그란 자명종은 엄마의 부탁으로 아빠가 사 오셨다면서? 그런 조그만 물건을 살 때도 매매 계약이라는 형식이 이루어지는데, **민법**에 세세한 규정이 있단다.

매매 계약이라는 법률 용어가 굳이 필요한 이유가 있어. 만약 자명종이 소리를 내지 않으면 네 엄마가 가만있지 않겠지? 네가 집어 던져서 망가진 게 아니라면 당장 시계를 산 가게로 달려가 수리해 주거나 새것으로 바꿔 달라고 요구할 거야. 그렇게 할 수 있는 건 매매 계약을 맺었기 때문이란다.

시계가 만들어지는 과정에도 온갖 이름의 법들이 어지럽게 얽혀 있지만, 아침부터 시계 공장까지 견학할 일은 없으니 그 부분은 생략하도록 하자.

네 자명종은 매일 오전 6시 50분에 맞춰져 있지. 네가 7시에 일어나면 빨리 준비를 해서 7시 30분쯤 학교로 나설 수 있기 때문이겠지. 눈뜨고 일어나기까지 꾸물거리는 데 5분, 화장실에서 3분, 가방 챙기는 데 5분, 아침 식사에 11분, 양치질 1분 30초, 세수 30초, 마지막으로 옷 입는 데 4분 정도 걸리겠지. 정신없이 서둘러야 지각을 면할 수 있을 정도니까, 걱정 많은 네 엄마가 10분을 당겨 알람 소리가 울리도록 해 두었지.

결국 넌 6시 50분에 화재경보기같이 시끄러운 자명종 소리에 눈을 떠서 투덜거릴 텐데, 엄마 때문에 빼앗긴 10분을 되찾을 수 있는 방법도 있단다. 아예 너의 자명종 시계를 10분 늦게 가도록 맞추어 두는 거야. 다른 시계가 7시일 때 네 자명종 시계는 6시 50분을 가리키게 되는 거지. 그러면 넌 실제로 7시까지 잘 수 있을 거야.

하지만 그 방법은 그리 오래가지 못할 게 뻔해. 집 안의 다른 모든 시계들이 네 시계보다 10분 일찍 갈 테고, 네 엄마는 금방 눈치챌 거니까.

도대체 시간은 누가 정하는 걸까. 네가 아침에 일어나서 시계를 보고 '6시 50분이다', 또는 '7시다'라고 믿을 수 있는 건 왜 그런 걸까. 라디오를 틀면 아나운서가 알려 주거나, 텔레비전 화면 오른쪽 위에 아라비아 숫자로 표시되는 걸 보면 방송국에서 정한다고 생각할 수도 있을 거야. 그러니까 우리가 '지금 몇 시다'라고 말할 수 있는 것도 법 때문에 그렇다고 하면 조금은 놀라겠지?

표준시에 관한 법률이란 게 있는데 말이지, 거기에 보면 우리 표준시는 동경 135도의 자오선을 기준으로 한다고 되어 있어. 세계의 시간은 영국의 그리니치 천문대를 기준으로 지구 둘레 한 바퀴 360도를 동쪽 180도와 서쪽 180도로 나누었단다. 그 동쪽부터 시작해서 15도마다 1시간씩 나누어 구분하고 있다는 건 너도 알고 있지?

동경 135도의 자오선은 일본의 중앙을 지나고 있어. 지도를 보면 도쿄보다 한참 동쪽이고, 교토에서도 약간 동쪽으로 더 가야 돼. 서울은 동경 127도이니까 도쿄보다는 실제로 한 시간 늦은 서쪽에 있지. 그런데도 우리는 법으로 동경 135도 자오선을 표준시 기준으로 삼고 있어서 일본과 시간이 같단다. 도쿄에선 서울보다 해가 한 시간 빨리 뜨고 또 그만큼 빨리 지지만, 우리의 아침 7시는 도쿄의 아침 7시가 되는 거지.

중국은 땅이 엄청나게 넓어서 동쪽 끝 지역은 서울과 경도가 거의 같은데도 시간은 우리나라보다 1시간 늦단다. 동경 120도 자오선을 표준시로 하기 때문이지. 미국은 시간을 통일하지 않고 지역마다 다르게 정하고 있어. 그래서 같은 미국 땅덩어리 안에 네 가지나 되는 시간이 존재한단다. 한 예로 동쪽의 뉴욕과 서쪽의 샌프란시스코는 무려 3시간 차이가 나는데, 미국법이 그렇게 정하고 있기 때문이지.

같은 지구 위에 살더라도 시간이 다른가 하면, 해와 달의 위치가 한참 다른데도 같은 시간으로 삼기도 하지. 법이 그렇게 정해 버리기 때문에 가능한 일이란다.

네 자명종 때문에 시간에 관한 얘기를 너무 늘어놓았구나. 다음으로 넘어가자. 내일 네가 일어나면 2010년 10월 2일이야. 그런데 그날이 2010년 10월 2일이란 사실을 어떻게 알지? 달력을 보면 안다고? 그렇다면 달력은 누가 만들었지? 누가 내일을 2010년 10월 2일로 정해 두었느냐는 말이야.

세상 사람들 모두에게 올해는 2010년이고, 이번 달은 10월이며, 오늘은 1일이요, 내일은 2일인 게 아니란다. 우리에게 내일이 2010년 10월 2일인 까닭은 **연호에 관한 법률**이 그렇게 정하고 있기 때문이야.

연호란 쉽게 말해서 어느 해의 이름을 뜻해. 이름이 있어야 작년과 올해를 구분할 수 있잖아. 그렇지 않으면 어느 해가 어느 해인지 아주 혼란스러울 거야. 우리 법은 연호를 서력기원으로 정하고 있단다.

서력기원이란 예수가 탄생한 해를 기준으로 하는 연도 계산법

이야. 서력기원을 줄여서 흔히 서기라고 한다는 사실을 넌 이미 눈치챘을지도 모르겠다. 2010년 10월 2일을 더 정확히 표현하면 서기 2010년 10월 2일인 거지. 그런데 옛날 사람들이 계산을 잘못해서 예수가 태어난 4년 뒤를 예수가 태어난 해로 잡고 말았단다. 예수는 서기 1년에 태어난 게 아니라 기원전 4년에 태어난 것이고, 올해는 예수가 태어난 지 2010년째 되는 해가 아니라 2014년째 되는 해란다.

우리는 서양의 영향을 받아서 서력기원을 연호로 사용하고 있지만, 그렇지 않은 나라들도 많아. 이슬람교를 믿는 나라에선 이슬람력을 쓰는데, 서기 622년 7월 16일을 기원으로 하지. 기원으로 한다는 말은, 그날을 1년 1월 1일로 정한다는 말이야. 그날에 알라신의 계시를 받은 무함마드가 수도를 메카에서 메디나로 옮겼는데, 무슬림들은 그 중요한 사실을 히즈라라고 부른단다. 그러니까 오늘은 정확히 알 수는 없지만 이슬람력으로는 히즈라 1434년 9월 중순쯤 될 거야.

이슬람력은 반드시 아랍 사람들만 사용하는 시대에 뒤떨어진 이상한 달력이 아니야. 우리도 조선 시대에 세종대왕이 이슬람력을 사용하게 했단다. 일본은 지금도 자기만의 연호를 만들어 쓰는 건 몰랐지? 일본에선 공식적으로 올해가 서기 2010년이 아니라 헤이세이 22년이야. 히브류 달력은 5770년이고, 페르시아 달력은 1389년, 인도 달력은 1932년이란다.

시간, 날짜, 마시는 물 … 일상 속에 숨어 있는 법

시간과 날짜 이야기를 하다 보니 네가 잠자리에서 일어나지도 못하고 있겠구나. 자, 이제 너를 침대에서 일으켜 줄게. 잠이 덜 깬 눈을 비비며 너는 냉장고를 향해 가지. 언젠가부터 아빠 흉내를 내는지, 일어나면 찬물을 한 잔 마신다며? 그런데 너는 왜 수돗물을 받아 마시지 않고 슈퍼에서 파는 생수를 마시지? 물론 엄마가 사서 냉장고 안에 넣어 두었으니 시원해서 마시겠지. 그런 이유가 아니더라도, 누구나 마실 수 있는 수돗물보다 골라 마실 수 있는 생수가 더 안전해 보여서겠지.

그고 작은 투명한 병에 넣어 파는 물은 불순물이 섞여 있지 않나 검사를 받는단다. 만약 깨끗하지 못한 물을 파는 사람을 발견하면 엄하게 처벌해야겠지. 그 책임은 환경부 장관에게 있어. 환경부 장관은 공무원이니까 국민의 건강을 위해 당연히 그런 일을 맡아서 해야 해. 하지만 혹시 그 중요한 일을 게을리 할까 봐 **먹는 물 관리법**이란 걸 만들어 두었단다.

수돗물은 그냥 마셔도 괜찮은 깨끗한 물이야. 매월 사용한 양만큼 요금을 내기 때문에 공짜도 아니지. 다만 사서 마시는 물보다 싸기 때문에 조금 덜 귀하게 여기는 경향이 생긴 것 같다. 수돗물이 얼마나 중요한지는 너도 잘 알고 있을 거야. 수돗물이 며칠만 나오지 않아도 우리는 엄청난 혼란에 빠지고 말 거야. 식사를 준비하고, 몸을 씻고, 세탁을 하고, 화장실을 이용하는 데 항상 물이 필요하니까. 만약 오랫동안 수도꼭지에서 물방울조차 떨어지지 않는다면, 너는 사막의 아이처럼 학교도 그만두고 물을 구하러 나서야 할지 몰라.

그래서 **수도법**이란 걸 만들었단다. 오물이 많이 섞이지 않은 강줄기나 호수를 잘 관리하여 가뭄에도 수도가 끊어지지 않게 하는 거지. 수도법에 따라 아파트의 높은 층이나 시골의 외딴집까지 물을 잘 공급할 수 있도록 파이프를 묻고, 그 파이프가 쉽게 녹슬지 않게 주의하고, 혹시 파손되면 빨리 고쳐야 해.

아침에 네가 일어나는 걸 보고 엄마는 된장찌개를 가스 불 위에 올려놓겠지. 얼마 전 네 엄마가 너희 집 가스레인지에 불이 잘 붙지 않는다고 불평하더라. 스위치를 돌리면 쉬 하고 가스 나오는 소리는 들리는데, 불꽃이 일지 않는다는 거야.

가스는 **도시 가스 사업법**에 따라서 원활하게 공급하도록 하니까 잘 나오겠지. 처음에는 네 아빠가 담배 피울 때 쓰는 라이터를 사용해 보라고 했어. 스위치를 돌려 가스가 나오고 있는 상태에서 라이터를 켜면 불이 확 붙는단다.

라이터는 원래 위험한 물건이지만, 가스레인지 불을 붙이는 데 사용할 땐 더 위험할 수도 있어. 가스라이터 안에는 액화된 석유 가스를 집어넣는데, 그런 물건을 만들어 판매하려면 **액화 석유 가스의 안전 관리 및 사업법**에 따라 허가를 받아야 해. 아무나 함

부로 만든 라이터가 불량품이어서 사용 중에 폭발하면 크게 다칠 테니까.

너는 절대 흉내 내면 안 된다만, 가스가 나오는 레인지에 라이터 불을 가까이 대는 순간 펑 하는 소리와 함께 큰 불꽃이 인단다. 잘못하면 벽에 옮겨 붙을까 겁이 날 정도야. 하지만 웬만해선 벽지만 그을 뿐 벽까지 타지는 않을 거야. 아파트를 지을 때 화재가 발생해도 벽에 금방 불이 붙지 않게 방화재를 사용하도록 **소방 시설 설치 유지 및 안전 관리에 관한 법률**이 관여하고 있기 때문이지.

라이터로 레인지 불을 붙이는 건 한두 번이면 몰라도 계속할 수는 없는 노릇이잖니. 네 엄마더러 구두쇠처럼 굴지 말고 새 레인지를 사라고 잔소리를 했단다. 그런데 얼마 뒤 네 엄마에게 전화가 왔더라. 인터넷에서 찾아보니 레인지의 불꽃이 일지 않는 건 건전지가 다 닳아서 그런 거니까 갈아 주면 된다고 나와 있더래. 원 세상에, 난 레인지에 건전지가 들어 있는 줄도 몰랐단다.

흔히 배터리라고 부르는 건전지는 주로 싱가포르나 중국에서 많이 수입해. 고급 카메라에 사용하는 리튬 전지 같은 제품은 일본에서 수입하고 있지. 우리가 제대로 된 건전지를 적정한 가격에 사서 쓸 수 있도록 **관세법 제51조의 규정에 의한 싱가포르·중국 및 일본산 알칼리 망간 건전지에 대한 덤핑 방지 관세 부과에 관한 규칙**이 감시하고 있단다.

법 이름이 엄청나게 길어서 놀랐겠다. 하지만 그보다 이름이 훨씬 더 긴 법도 있어. 슬쩍 알려만 줄게. **대한민국과 아메리카 합중국 간의 상호 방위 조약 제4조에 의한 시설과 구역 및 대한민국에 있어서의 합중국 군대의 지위에 관한 협정의 시행에 따른 국가 및 지방 자치 단체의 재산의 관리와 처분에 관한 법률**! 괜히 무리해서 외우려고 하지 마, 머리 다칠라.

결국 네 엄마가 사서 레인지에 넣은 건전지는 새끼손가락 굵기만 한 1.5볼트짜린데, 싱가포르에서 수입한 것이란다. 국제 전기 협회에서 정한 규격품이어서 안심하고 사용할 수 있지. 가스라이터든 건전지든 규격에 맞고 안전하게 사용할 수 있도록 **품질 경영 및 공산품 안전 관리법**이 검사를 받노톡 하고 있어.

장소를 좀 옮겨 볼까? 기현이 너는 하루에도 수차례 화장실에 가서 오줌을 눌 거야. 스위치를 누르면 배설물과 물이 섞여 변기 아래로 빨려 들어가지? 배설물은 보이지 않는 곳으로 사라지면서 그 분자들의 일부가 위로 솟구쳐 네 코의 점막을 자극하게 되는데, 그래서 약간 상쾌하지 못한 냄새가 나는 거란다. 그것으로 모든 일이 끝난 걸까?

그렇지 않단다. 법만 가지고 따져 들어도 이렇게 끈질겨. 너의 습관적인 배설물조차 법이 만든 길을 따라 여행한다는 사실은 미처 몰랐지? 전에는 **오수·분뇨 및 축산 폐수의 처리에 관한 법률**이 그 안내자였는데, 지금은 **하수도법**이 그 역할을 맡고 있어. 이

법은 수세식 변기뿐만 아니라 욕조와 싱크대에서 흘려보내는 물까지 지켜본단다. 정화조를 거쳐 몇 차례 거른 다음에 하수도를 통해 강과 바다에 이르게 하지.

집에서 버리는 지저분한 물이 여행하는 중간에도 하수도법이 끼어들지. 쓰고 버리는 물이 지나가는 하수관을 제대로 관리하지 않으면 땅속이 엉망이 될 테니까. 법이 그렇게 까다롭게 구는 까닭은 네 오줌이나 엄마가 설거지하고 난 뒤의 구정물을 위한 게 아니라, 우리의 위생적이고 건강한 생활과 깨끗한 환경을 유지하고 보호하기 위한 거란다. 인간이 만든 법은 거의 인간만을 생각하니까.

화장실에 들어간 김에 세수까지 하고 나오면 되겠는데, 넌 그렇게 하지 않는 것 같더라. 기분이 내키면 세수를 하고, 아니면 아침부터 먹는다고 들었어. 네 딴에는 밥을 먹고 난 뒤 이를 닦는 게 나으니까, 양치질 할 때 한꺼번에 모두 해결하자는 생각이겠지.

어쨌든 좋아. 법이 생활 순서까지 간섭하지는 않으니까. 그래도 화장실에 다시 들어가느니, 얘기를 꺼낸 김에 화장실 이야기를 다하기로 하자. 네가 새똥만큼 쥐어짜서 바르는 치약이나 고양이 세수에 거의 사용하지도 않는 비누의 제조 과정에 얽힌 법률은 생략할게. 비슷한 얘기를 계속 반복하면 재미가 없으니까.

너는 아침에 워낙 서두르다 보니 머리 감을 시간이 없는 모양이더라. 하지만 뒹굴면서 자고 난 뒤 일어나면 네 머리에는 자주 까치집이 생겨 있겠지. 그럴 때 넌 아마 손바닥에 물을 발라 부풀어 오른 머리카락에 대고 문지를 거야. 잘못해서 머리카락이 많이 젖어 버리면 헤어드라이어로 급히 말리느라고 야단법석이겠지.

　원래 물기가 많은 곳에서는 조심해서 전기 기구를 사용해야 하지만, **전기용품 안전 관리법**이 있으니 마음 놓고 드라이어를 써도 되겠구나. 네가 사용하는 조그맣고 빨간 드라이어가 감전의 위험이 없는지 지식 경제부 장관이 지정하는 기관의 검사를 거쳤을 테니 말이야. 네가 세수까지 했다면 세면대 옆에 놓여 있는 로션을 찍어 바르겠지. 그것이 어떤 종류든 **화장품법**에 따라 만들고 포장하고 판매하는 것이란다.

법은 톱니바퀴처럼 맞물려 돌아간다

이제 화장실에서 나와서 밥을 먹어 볼까? **가족 관계의 등록 등에 관한 법률**이 있어. 이 법은 아침 식탁에 등장할 인물들을 소개해 줄 거야. 아빠와 엄마, 동생 그리고 너. 이 네 사람은 가족의 구성원이면서 동시에 개인이지. 국적은 **국적법**에 따라 한국이지만, **주민 등록법**이 있어 자기만의 주민 등록 번호를 지니고 있지. 사람을 번호로 표시한다는 사실이 썩 유쾌하지는 않지만, 일단 그렇게 알고 넘어가자.

　사실 법이 없더라도 어머니는 어머니고 아버지는 아버지야. 그럴 리는 없겠지만, 법이 아니라고 우긴다 해도 부모와 너의 관계는 변함이 없단다. 그럼에도 법은 결혼하고, 아이를 낳고, 늙어 사망하는 데 따른 가족의 변동 내용을 구청에 가서 신고하고 등록하게 해. 국가와 다른 사람들에게 자기 가족의 이름과 관계를 소개하고 알리는 과정이라고 생각하면 되겠구나.

아침 식탁 위의 반찬은 어느 집이나 간소할 거야. 저녁상에 비교하면 더 그렇지. 하지만 그 작은 식탁 위에는 밥과 반찬의 수보다 훨씬 더 많은 법률이 놓여 있단다. 네 숟가락에 어떤 법이 묻어 식도를 타고 넘어가는지 몇 가지만 살펴볼까?

쌀이 없으면 밥을 짓지 못하듯이, 농부가 없으면 벼를 재배할 수 없잖아. 농민들은 엄청난 노력을 들여서 벼를 키우는데, 병충해나 자연재해 또는 수입 쌀 때문에 쌀값을 제대로 받지 못하는 경우가 많아. 그래서 **쌀 소득 등의 보전에 관한 법률**이 있는 거란다. 우리 농부들이 벼농사로 인해 큰 손해를 보지 않도록 정부에서 지원을 하는 거지.

서울 생활을 그만두고 시골 가서 농사를 짓는다는 아빠 친구가 가끔 쌀을 보내오지? 그 쌀은 유기 농법으로 경작해서 값도 좀 비싸고 인기도 좋아. 화학 비료를 거의 쓰지 않으니까. 그런 쌀이 얼마나 몸에 좋은지, 몸에 좋은 것은 돈 많은 사람들만 먹게 되는 것은 아닌지 의문이긴 하지만 말이다. 어쨌든 내일 아침 그 쌀로 지은 밥이 차려진다면, **친환경 농업 육성법**의 도움으로 그 맛을 보게 된다는 걸 알아 두렴.

하지만 합성 또는 화학 비료라고 해서 무조건 건강에 해로운 것이란 생각은 곤란해. 화학자들의 노력으로 그런 약품이 개발되어 쌀의 생산량이 엄청나게 늘어났고, 그만큼 굶는 사람이 줄어들었다는 사실도 명심할 필요가 있어. 법은 그런 사실까지 알려 주지는 않는단다.

채소나 어류 등의 반찬은 모두 **농산물 품질 관리법**과 **수산물 품질 관리법**을 통과한 거야. 엄마가 지방에 갔다가 특산물이라고 사 온 재료는 **식품 산업 진흥법**의 도움을 받은 거란다.

반찬 하나가 밥상 위에 오르기 위해서는 엄마의 요리 솜씨를 제외하고도 거쳐야 할 과정이 복잡하지. 네가 즐겨 먹는 두부 하나만 예로 들어 보자. 두부는 콩으로 만드는데, 콩물을 굳히기 위해 사용하는 물의 질이 일정한 수준 이상이어야 해. 두부를 포장해서 팔 때는 비닐 포장지에 만든 곳이나 만든 날짜 같은 필요한 사항을 인쇄하면 되지. 하지만 시장 좌판에서 포장하지 않은 채 한 모씩 파는 두부는 그럴 수 없잖아. 가끔 두부 윗면에 글씨가 새겨진 것을 보았을 텐데, 최소한 다른 제품과 구별할 수 있어야 하니까 그렇게 하는 거란다. 만약 두부를 먹고 배탈이 났다면 어디에서 만든 두부 때문인지 알 수 있어야 하잖니. 너도 알다시피 두부는 상하기 쉬운 단백질 식품이어서 반드시 냉장 보관하거나 깨끗한 물에 담가서 보관해야 해. 만약 두부를 운반하는 데 4시간이 넘게 걸린다면, 그땐 냉장 차량을 이용하지 않으면 안 돼. 이 까다로운 규정은 **식품 위생법**이 정해 놓은 대로 식품 의약품 안전청장이 만들었단다.

네 엄마는 아침에 일어나면 싱크대 위에 내장된 라디오를 켜는 습관이 있지? 아침 식사를 준비하면서 뉴스를 듣기도 하지만, 빠뜨리지 않고 들어야 하는 게 일기 예보이기 때문이야. 날씨가 더운지 추운지에 따라 네 옷을 골라 주고, 낮에 비 올 확률이 높으면 우산을 챙겨 줘야 하니까.

가끔 일기 예보가 틀려 기상청이 욕을 먹기도 하지만, 그래도 사람들은 자신의 직감보다는 방송에서 들려주는 이야기를 더 믿는 편이지. **기상 관측 표준화법**은 성능이 좋은 기계를 사용하여 가능한 정확한 기상 관측을 하도록 기상청에 의무를 부과하고 있단다. 기상청장은 그 결과를 예보나 특보로 모든 사람들에게 알려 주어야 해. **기상법**이 그렇게 하라고 시키고 있기 때문이란다.

기상을 관측해서 날씨를 예측하는 일은 기상청의 전문가들이 맡고 있지만, 그 결과를 알려 주는 역할은 **방송법**에 따라 사실을 정확하게 보도해야 하는 방송국 아나운서들의 몫이지. 맑고 고운 목소리로 **국어 기본법**이 정하는 어문 규범에 따라 또박또박 표준 발음으로 말하니 엄마가 분주하게 움직이면서도 잘못 들을 리가 없지. 몇 개의 법률들이 교통정리 하듯 이리저리 지시하는 결과에 따라 그 날 아침 네 옷소매의 길이가 결정된단다.

드디어 엘리베이터 앞이야! 엘리베이터가 고장이 나서 21층부터 뛰어 내려간 경험이 있는 너는 층 표시등이 제대로 움직이는지부터 살피겠구나. 그래도 21층을 걸어서 올라가는 것보다야 내려가는 게 백번 낫지. **승강기 시설 안전 관리법**이 엘리베이터 만드는 회사에 엄격한 관리를 요구하는데도 고장이 제법 자주 나곤 하지. 그런 걸 보면 법이 아무리 많고 엄격하다고 해서 모든 게 항상 제대로 돌아가는 건 아닌 모양이다.

아파트를 빠져나가려면 오른쪽에 있는 어린이 놀이터를 지나야 하지? **어린이 놀이 시설 안전 관리법**은 새로 만든 법인데, 열 살 이하의 아이들이 놀다가 사고를 당하지 않도록 하는 것이 목적이야. 이제는 그네, 미끄럼틀, 공중 놀이와 회전 놀이에 필요한 기구를 만들 때 안전 검사를 받아야 해.

아파트 정문에서 큰길에 이르는 골목길이 세 개가 있지? 제일 위쪽 길은 중간이 약간 굽어 있는데도 바른길이라 부르지. 나머지 골목길 두 개는 정의길과 자유길이라는 이름을 달고 있고.

요즘 서울의 크고 작은 모든 길은 이름표를 달고 있잖아. 그렇게 하자고 **도로명 주소법**을 만들었기 때문이야. 그 법 속에는 골목 입구에 달아 놓은 길 이름표를 더럽히거나 부수는 사람을 처벌하는 규정도 들어 있어.

골목길은 그리 넓지도 않은데 차와 사람과 자전거로 붐비지. 자동차는 **도로 교통법**에 따라 다니고, 경찰관은 **경찰관 직무 집행**

법에 맞추어 움직이는 거란다.

옥외 광고물 등 관리법의 규격에 맞추어 울긋불긋 만든 간판을 붙이고 있는 가게들은 문을 연 곳도 있고, 그렇지 않은 곳도 있어. 자전거는 사람과 차량 틈에서 갈팡질팡하기 마련이지. **자전거 이용 활성화에 관한 법률**이 있지만, 아직 우리나라에는 자전거 전용 도로가 많이 부족하기 때문이야.

혹시 왜 네가 학교에 다니는지에 대해서 생각해 본 적 있니? **교육 기본법**은 초등학교 6학년과 중학교 3년의 교육을 의무로 정하고 있단다. 그래서 너는 **초·중등 교육법**에 따라 세운 중학교에서 **교육 공무원법**의 보호를 받는 선생님들에게서 교육을 받고 있는 거란다.

자, 이제 네가 학교에 도착했어. 이런 식으로 이야기하다간 대략만 짚더라도 법 이름을 듣다가 지칠지도 모르겠구나. 그러니 이쯤에서 그만하기로 할까? 이 정도만 해도 네가 학교까지 도착하는 데 얼마나 많은 법과 부딪혔는지 충분히 알았을 테니까 말이야. 섭섭하다면 하나만 더 얘기할게.

네가 잠자리에 들 때도 법은 다음 날을 준비한단다. 무슨 말이냐고? 내일은 토요일이지만 학교에 가는 날이야. 언젠가 법이 정하면 모든 토요일이 다 '놀토'가 될 테니 기다려 보렴. 그리고 그 다음 날은 개천절이지. 그런데 어떡하니. 개천절이 일요일과 겹쳤구나. 어쨌든 다음 날 학교에 가야 하는지, 가지 않아도 되는지 법이 미리 알려 준다는 사실을 기억하렴.

그런데 개천절은 왜 휴일이지? 왜 일요일에는 학교에 가지 않지? 이젠 너도 짐작하겠구나. 달력에 빨갛게 표시되었기 때문이 아니라, 법이 그렇게 정하고 있기 때문이란다.

국경일에 관한 법률은 개천절을 국가의 경사로운 날로 기념하자고 정했어. 그러면 국경일이 왜 휴일이냐고? 그건 또 **관공서의 공휴일에 관한 규정**이 개천절을 일요일과 함께 쉬는 날로 만들었기 때문이야. 그리고 관공서가 아닌 곳도 거기에 맞추어 쉬면 편하니까 대부분 그렇게 한단다. 백화점은 일요일에 문을 여는 대신 다른 날에 휴관하지. 같은 국경일이라도 한글날에 출근해야 하는 까닭도 바로 법 때문이지.

편지가 꽤 길어졌구나. 너에게 법 이야기를 한 것도 그렇고, 이렇게 많은 말을 늘어놓은 것도 처음인 것 같다. 오늘 편지에선 잡동사니 같은 법 이름만 잔뜩 들먹였다만, 사실 네가 알았으면 하는 핵심은 이것이란다. 너를 포함한 모든 사람들이 법과 함께 살아가고 있다는 것. 아침에 눈을 떠서 밤에 잠자리에 들 때까지, 움직일 때마다 법이란 이름의 보이지 않는 장치들과 부딪친다는 사실. 그 법은 네가 하루를 무사히 잘 보낼 수 있도록 도와주지. 길을 안내하기도 하고, 때론 가로막기도 하면서.

그래도 법이 잘 보이지 않는다고? 그렇다면 시를 한 편 읽어 볼까?

커다란 나무는
그대로 한 권의 역사책이다.
잎사귀 하나하나가 한 페이지이며
해마다 다시 씌어져
해마다 새로 태어나는 책.
하루 종일 바람이 읽고 있다.
가끔 언더라인한다.

기현아. 너는 바람을 볼 수 있니? 사이토 마리코라는 일본 시인이 직접 한글로 쓴 이 시에서 말하듯이, 바람은 나뭇잎을 흔들어 자기의 존재를 증명한단다. 그것을 시인은 바람이 나뭇잎을 읽는다고 표현했어. 법은 바람처럼 네가 규칙에 따라 생활하도록 속삭인단다. 네가 움직이다가 '왜 내가 이렇게 해야 하지?'라고 생각하는 순간, 거기에는 항상 법이 있어. 너도 이제 생활의 규칙을 생각하며 살아가다 보면, 법을 쉽게 발견할 수 있을 거야.

어떻게 보면 법은 잘 만들어진 톱니바퀴들처럼 서로 맞물려 돌아가고 있어. 수많은 법 위에 헌법이 있고, 헌법은 너 자신이 모든 법의 주인이라고 일러 주지. 사람들이 안심하고 편안한 하루를 보낼 수 있는 것도 법이 작동하고 있기 때문이야. 바른 법이 제대로만 움직인다면, 그건 틀림없는 사실이란다.

2

사람들이 질서를 원하는 이유는?

질서를 찾아 주는 나침반

하늘은 정말 파랗게 펼쳐져 있었다. 가을 하늘은 어떻게 달리 표현할 방법이 없어 보였다. 마치 허공에 깔아 놓은 운동장 같아서, 그 푸르름에 빠져 미친 듯이 달리고 싶었다. 그 깊이와 넓이는 얼마나 까마득한지, 마음껏 뛰었다간 영원히 돌아오지 못할 것 같다는 생각이 들 지경이었다. 그렇게 광활하고 푸른 하늘 덕분에 기현이는 가슴속까지 시원해져서 기꺼운 마음으로 운동장에 나섰다. 체육복으로 갈아입은 같은 반 친구들도 다들 환한 표정이었다.

교실에 혼자 남은 준우를 제외하니 운동장에 나온 사람은 모두 39명이었다. 준우는 배가 아파서 운동을 할 수 없다는 핑계를 댔지만, 실제로는 체육복을 준비해 오지 못해서 거짓말로 둘러댄 것이 분명했다. 준우도 체육복을 가지고 있었는데, 지난주에 그만 잃어버리고 말았다. 준우의 집은 가난해서 체육복을 금방 새로 살 수 있는 형편이 아니었다. 이번에는 그렇게 넘어간다 해도, 다음 체육 시간부터는 어떻게 하려는 건지 기현이는 은근히 걱정이 됐다.

체육 선생님은 기발한 제안을 했다. 기현이네 반 전원을 두 팀으로 나눠서 한꺼번에 축구 시합을 하자고 했다. 경기 규칙대로 한 팀에 11명씩 하면 모든 학생이 뛸 수 없다는 것이 이유였다. 선수가 많으니 공도 두 개를 사용하고, 어느 공이든 골문 안으로 넣으면 득점으로 인정한다고 규칙을 설명했다.

기현이네 반은 여학생이 18명이고 나머지 22명이 남학생이었다. 여학생은 9명씩 가르면 됐지만, 준우가 빠진 남학생은 짝이 맞지 않았다. 선생님은 잠시 생각에 잠기더니, 한 사람이 전반에는 이 팀 선수로, 후반에는 저 팀 선수로 뛰면 되겠다고 했다. 그렇게 결정하기까지 불과 몇 초밖에 걸리지 않아서 생각에 잠겼다고 보기도 어려웠다. 체육 선생님은 난관에 빠지기 직전에 묘안을 떠올린 자신을 자랑스러워했고, 아이들은 고개를 갸웃거리며 그 방법을 받아들였다.

그렇지 않아도 좁은 운동장에서 39명의 선수들은 소리를 질러 대며 두 개의 공을 쫓아다녔다. 축구공은 아이들의 함성에 떠밀려 가을 하늘을 날아다녔다.

"기현아. 아무리 그래도 그렇지, 손도 씻지 않고 먹으려고?"

"괜찮아요, 이모. 땀은 이미 다 말랐어요. 먹고 난 뒤에 집에 가서 씻는 게 나아요."

"넌 원래 피자를 손으로 집어 먹잖니. 오늘은 할 수 없이 포크로 찍어 먹어야겠구나. 근데 그렇게 흥분해서 피자를 제대로 들

수나 있겠니?”

“그런 말 있잖아요, 왜. 당해 보지 않은 사람은 모른다고.”

“글쎄, 당해 본 사람은 안다고도 하지.”

“오늘 축구 시합은 정말 엉망이었다고요! 무슨 그런 경기가 있는지.”

“호나우두와 루니의 혼합 스타일을 추구한다더니, 실력 발휘를 제대로 못 했나 보네. 차라리 여자답게 지소연 선수를 모델로 바꾸는 게 어때?”

“그게 아니라니깐요. 그건 축구라고 할 수가 없었어요. 그냥 난장판이었다고요.”

“축구 경기야 규칙대로만 하면 그만이지. 난장판으로 느꼈다는 건 경기를 네가 마음먹은 대로 끌어갈 수 없었다는 뜻 아니니? 친구들의 축구 실력이 고르지 못해서 경기가 엉망인 것처럼 보였을 뿐이야.”

“규칙대로만 했으면 괜찮게요! 규칙대로 하지 않았으니까 문제죠. 세상에 한 팀 선수가 20명인 축구 경기가 어디 있어요. 그것도 다른 팀은 19명이고, 공은 두 개에다 여자와 남자가 섞여 뒤죽박죽으로 뛰어다녔으니 애당초 규칙하고는 거리가 멀었어요.”

“기현아, 잠깐만. 먼저 규칙이 뭔지 생각해 봐야 하지 않을까? 방금 넌 이렇게 말했어. 규칙대로 했으면 좋았겠지만 그런 규칙이 어디 있느냐고. 하지만 한 팀의 수를 20명으로 하고 축구공을 동시에 두 개 사용하는 것도 규칙이라고 할 수 있잖아.”

“누구든지 필요하면 규칙을 만들 수 있다는 말씀인가요?”

“물론 공식 축구 경기 때의 규칙은 정해져 있어야지. 하지만 규칙은 사정에 따라 조금씩 바꿀 수 있지 않을까?”

“한꺼번에 반 친구들이 축구를 할 수 없으니 마음대로 규칙을 바꾼다고요?”

“규칙을 잠시 바꾸는 것 뿐이지, 국제 축구 연맹에서 인정하는 규칙을 영원히 무시하겠다는 건 아니잖아. 실제의 축구 규칙도 영원한 것은 아니지만. 어쨌든 오늘 학교에서 선생님이 만든 규칙을 임시 규칙이라고 하자. 임시 규칙의 목적은 네가 표현한 것처럼 임기응변에 있다기보다는, 처한 상황에 맞추어 모두에게 즐거움을 주려는 데 있다고 해야 할 거야.”

“하긴 임시 규칙도 규칙이니까요.”

“규칙의 내용이 어떻든 양 팀에 공평하게만 적용하면 문제가 없잖아. 누구에게 더 유리하거나 불리하면 몰라도.”

“좋아요, 이모 말씀이 맞다고 해 두죠. 하지만 그 임시 규칙이 제대로 지켜지도록 하는 것도 중요해요.”

“법도 제대로 지킬 수 있도록 하는 게 중요하듯이.”

“그런데 오늘 우리 반 축구는 그것조차 지켜지지 않았어요. 심판이 체육 선생님뿐이셨거든요.”

“그게 무슨 문제지? 심판이 없었다면 또 몰라도. 선생님께서

39명이 한 번에 축구하는 법

20명 vs 19명
불공평하다고?

한 명은 전반에 이 팀,
후반에 저 팀에서 뛰면 되잖아~
공은 두 개,
누구든 먼저 넣으면 OK!

이리 줘 봐.
나도 넣을래.
무조건 넣기만
하면 된다고!
야! 그건
반칙이야!
누가 넣었어?
빵

너희들만 내버려 두고 교무실에 들어가 낮잠이라도 주무셨단 말이니?”

“우리가 워낙 시끄러웠기 때문에 교무실에서도 쉽게 주무실 순 없었을 거예요. 그게 아니라 이모, 이걸 생각해 보세요. 축구공이 한 개가 아니라 두 개였단 말예요, 두 개.”

“공이 둘이면 심판도 두 사람이어야 한다는 거니?”

“세상에 필요한 수는 처음부터 정해져 있는 게 아닐지도 모르죠. 하지만 심판의 눈은 경기장의 공을 놓쳐서는 안 돼요.”

“이번에는 웬일로 철학자 같은 말씀이 나오지 않나 했다. 그래, 계속해 보렴.”

“선생님 혼자서는 제대로 심판을 볼 수가 없었어요. 공 하나가 저쪽 편에서 골문을 위협하고 있었고, 아이들도 거의 대부분이 그쪽에 몰려 있었어요. 그때 다른 공 하나가 이쪽 문으로 날아왔단 말예요. 그러자 지민이가 엉겁결에 손으로 공을 멈춘 다음 발끝으로 톡 차서 넣어 버렸어요.”

“선생님은 혼전 중이던 반대편 골문 앞에서 공을 따라다니느라 그쪽 골문 앞의 핸들링을 발견하지 못했단 말이구나.”

“바로 그거예요! 골키퍼였던 수연이가 항의했지만 소용없었어요. 결국 태어나서 생전 처음 골을 넣은 지민이가 프로 축구 선수처럼 두 손을 번쩍 쳐들고 환호하는 것으로 끝이 났어요. 순 엉터리였죠.”

"하지만 규칙이란 반드시 심판이 있어야 지킬 수 있는 게 아니잖아. 선수들이 자발적으로 지킬 수도 있지 않을까? 실제로 테니스에서는 심판 없이 경기를 하는 규정도 있단다."

"법은 반드시 감시하는 사람이 있어야 지키는 게 아니라는 말씀이군요."

"규칙의 감시자는 필요하기도 하면서 성가시기도 하지. 어쨌든 자발적으로 규칙을 지키는 곳에서 감시자는 처벌하기 위한 심판자가 아니라 친절한 안내인이 된단다."

"하지만 심판은 공정해야 해요. 그렇지 않으면 심판이 없는 것이나 다름없어요. 심판이 없으면 오늘 축구 시합처럼 엉망진창이 된다니까요. 가만히 생각해 보면 모든 게 잘못되어 있었어요. 체육복도 그래요. 별로 예쁘지도 않은 그 체육복을 입어야만 축구를 할 수 있는 건 아니잖아요. 가난해서 체육복을 살 수 없는 사람은 축구도 못 한단 말이잖아요. 게다가 한 팀은 20명에 다른 팀은 19명, 두 개의 공을 따라 아이들은 우왕좌왕하고, 심판은 한쪽에만 신경을 쓰다가 다른 쪽의 반칙은 알지도 못하고."

"마치 《이상한 나라의 앨리스》에 나오는 크로케 경기를 말하듯 하는구나. 울퉁불퉁한 운동장에서 고슴도치가 몸을 웅크려 공이 되고, 방망이는 홍학의 긴 목이고, 골문은 병사들이었지. 홍학을 붙잡아 오면 공이 사라져 버리고, 고슴도치를 겨우 데려다 놓으면 골문이 없어져 버렸지. 하지만 그렇게 놀아 보는 것도 아주 재미있을 것 같은데?”

“축구를 전혀 모르는 사람들에겐 그냥 쫓아다니는 재미가 있을지도 모르죠. 하지만 제가 원했던 건 축구였다고요! 규칙이 지켜지지 않는 난장판에선 전략을 가지고 경기를 해 나갈 수가 없단 말예요.”

“네가 원했던 것은 축구 시합에서의 승리가 아니라 질서였다는 말처럼 들리는구나. 그렇다면 이해가 되는걸. 질서가 아름다움을 주고, 그 아름다움 때문에 즐거움을 느낄 수 있다면 말이야.”

“요즘에는 길을 걷다가도 ‘저건 어떤 법이 만들어 놓은 현상일까?’ 생각하게 돼요. 지난번 이모의 이메일 때문이에요. 우리 생활이 이렇게 안정되고, 계획을 세워 살아갈 수 있는 것도 법이 있기 때문이라고 할 수 있을까요?”

“법이 질서를 만들어 주기 때문이라고 할 수 있겠구나.”

“그렇다면 법은 질서 때문에 필요한 것인가요?”

마음속 나침반을 만지작거리며@이모

반는 사람

취미가 축구, 장래 희망은 아직 아리송@기현

참조

체육 선생님, 두 개의 축구공, 세상의 모든 질서와 무질서

제목

법은 질서의 나침반이 될 수 있을까?

기현이에게.

축구하기에 안성맞춤인 가을날이구나. 햇볕에 얼굴은 좀 타겠지만, 약간 그을린 얼굴로 달리면 더 빨라 보일지도 모르겠다. 사람들은 흔히 가을을 독서의 계절이라고 하지. 그런데 그것도 자세히 들여다보면 법이 그렇게 정하고 있단다. 독서 문화 진흥법이란 게 있는데, 우리가 가을이 시작되는 달로 여기는 9월을 독서의 달로 정했단다. 재미있는 일이지.

하늘은 높고 공기는 맑은 계절에 책을 읽어도 좋겠다만, 너처럼 운동을 좋아하는 아이들은 축구를 하는 편이 훨씬 즐겁겠지. 이모가 욕심을 부리자면, 오전에는 공부하고 오후에는 축구를 한 뒤 춥지도 덥지도 않은 저녁엔 독서를 하면 가장 좋겠구나. 하루 종일 책만 읽는 것보다는 그게 더 자연스러우니까. 자연스럽다는 건 질서가 느껴진다는 말이나 마찬가지야. 가만히 놔두면 모든 것이 당연히 그래야 하는 것처럼 저절로 흘러가는 모양이 질서라고나 할까?

예측이 가능해야 안정감을 느낀다

낮에 너와 이야기를 나누다 마지막에 떠올린 말이 질서였지. 너는 질서를 유지하기 위해 법이 필요한 것이냐고 물었어. 그 물음에 대해 생각해 보기로 하자. 법이 무엇 때문에 필요한가라는 물음을 법학자들의 표현대로 바꾸면, 법의 이념 또는 법의 목적이 된단다. 법의 목적에 질서가 포함되어 있을까?

질서라는 건 도대체 뭘까. 우선 이것부터 생각해 보는 게 좋겠구나. 질서는 세상 만물이나 사회 상태를 제대로 유지하기 위한 규칙이나 순서라고 말할 수 있지. 모든 사물에는 정해진 자리가 있고, 일어나야 할 일에는 순서가 있는 거잖아. 그 자리와 순서를 지키는 일을 질서라고 할 수 있겠다. 그래, 순서라고 생각하면 훨씬 쉽겠구나. 어느 시인은 이 청명한 가을을 '여름이 타고 남은 것'이라고 표현했단다. 그 멋진 표현도 따지고 보면 여름 다음에는 가을이 오고야 만다는 자연의 순서를 자신의 감정과 문학적 기교를 섞어 말한 것이지. 그것을 자연의 질서라고 한단다.

자연의 일부라고 할 수 있는 우리 인간의 몸도 아주 규칙적으로 움직이고 있어. 언뜻 보면 아무런 원칙 없이 뇌의 지시에 따라 자유롭게 작동하는 것 같지만, 실제로는 정교한 기계와 같이 움직인단 말이지. 한 예를 들어 볼까? 우리가 몸을 움직이기 위해서는 산소가 필요하잖아. 폐로 들어온 산소를 몸속 곳곳으로 옮겨 주는 역할은 피 속의 헤모글로빈이 맡고 있단다. 헤모글로빈 분자 1개에는 탄소 2954개, 수소 4516개, 질소 780개, 산소 806개, 황 12개 그리고 4개의 철 원자가 들어 있어. 산소는 이 4개의 철

원자에 달라붙어 몸속을 여행하는 거란다. 사람의 신체를 구성하고 있는 세포의 수는 대략 10^{16}개야. 10^{16}개라면 1조를 1만 번 곱한 수인데, 짐작이나 되니?

그렇다면 이런 신체를 가진 우리의 생활은 어떨까. 역시 무언가에 의해 정해진 자리와 순서에 맞추어 살아가고 있다는 걸 알게 될 거야. 엄마가 아침을 준비하기 위해서는 칼과 도마를 싱크대 서랍 속에서 찾을 수 있어야 하고, 네 칫솔은 화장실 세면대 위에 있어야 하며, 아빠가 허둥대지 않고 제시간에 출근하려면 차 열쇠를 화장대나 텔레비전 위에 놔 둬야 해. 그렇지 않으면 모든 게 뒤죽박죽이 되고 말 거야.

그런데 우리는 왜 질서를 이야기하는 거지? 무슨 뜻이냐 하면, 사람들은 왜 질서를 좋아하거나 필요로 하느냔 말이야. 우리는 무질서보다는 질서를 더 좋은 것으로 여기고 있잖아. 기현이 너도 선수의 수와 규칙이 제멋대로인 축구가 아니라 원래 규칙대로의 경기를 원한다고 흥분했잖니? 사실 어떨 땐 불규칙하고 예측 불가능한 난장판이 훨씬 더 재미있는데 말이다. 가끔 텔레비전을 통해 진흙탕에서 벌이는 레슬링이나, 토마토를 마구 던져 온 거리가 붉은 케첩 투성이가 되는 외국 축제를 보면, 보는 것만으로도 너무 신나잖아.

도대체 왜 우리는 질서를 원하는 걸까? 너무나 당연한 것으로 여기고 있던 일에 대해 질문을 던지면 당황스러워질 때가 있단

여긴 너무
어두워요.
이리 온.
누가 여기
있으래~
이게 무슨
냄새야?
차 열쇠야,
어디 있는 거냐!
아빠가 너 찾는다

다. 예를 들면 이런 것도 있어. 사람은 왜 쓴맛보다 단맛을 더 좋아할까? 태어나서 스스로 맛을 느끼게 될 때가 된 아기들이 약은 싫어해도 설탕물을 잘 마시는 건 그렇게 배우거나 훈련한 결과가 아닐 텐데 말이야. 사람들이 꽃을 아름답다고 느끼는 현상도 마찬가지야.

자연의 질서라고 알고 있는 계절의 변화를 다시 살펴보자. 봄, 여름, 가을 그리고 겨울의 순서가 뒤바뀌면 어떨까. 사실 그 순서가 여름, 봄, 가을, 겨울이라 하더라도 크게 문제 될 건 없어. 어차피 한두 해만 지내다 보면 익숙해질 테니까.

그런데 순서가 바뀌는 것과 아예 순서가 없는 것에는 큰 차이가 있어. 해마다 여름, 봄, 가을, 겨울의 순서로 계절이 찾아온다면 우리는 거기 적응해서 살아가겠지. 하지만 매번 예고 없이 마음대로 바뀐다면 아주 혼란스러울 거야. 마치 자연의 신이 그때그때 주사위를 던지듯이 계절이 결정된다면, 경우에 따라 여름이나 겨울이 빠져 버리는 해도 생기겠지? 그럼 에어컨이나 난방기를 만들어 파는 회사들은 제품을 언제 충분히 준비해 두어야 할지 난감해질 거야. 내년 봄이면 결혼하자고 약속한 연인들에게 몇 년이 지나도 봄이 찾아오지 않으면 어떻게 될까? 햇빛과 비와 바람의 리듬에 맞추어 들판에서 자라던 곡식들은 사라져 버리지 않을까? 꽃들은 불안한 들판에서 도망쳐 안전한 비닐하우스 안에서나 피어날 수 있겠지. 일정한 순서가 없어지면 세상은 뒤죽박죽이 되고 인간을 포함한 만물은 갈팡질팡하고 말 거야.

어떤 순서든지 일정한 순서가 있다는 건 무엇을 의미할까. 우리가 앞으로 벌어질 일에 대해 예측할 수 있다는 걸 말해 주는 것 같구나. 어떤 사물이나 현상을 예측할 수 있어야 우리는 비로소 그 세상과 친숙해지지. 예측할 수 있다는 사실로 인해 그 대상에 관심을 갖게 되기 때문이야. 가만히 생각해 보면 너도 고개를 끄덕이게 될 거야.

예측이 가능하다는 사실은 우리 생활을 편리하게 만들어 주기도 한단다. 어떻게 될지 아무것도 모르면 불안하잖아. 하지만 어느 정도 미리 안다는 것은 우리의 삶을 안정되게 하지. 짧은 순간의 불안은 가끔 긴장과 흥미를 불러일으키기도 하지만, 대다수의 사람들은 안정된 생활을 원하거든. 그래서 너도 난장판의 놀이보다는 규칙에 따라 이루어지는 축구 경기를 더 좋아하는 거고.

그렇다면 우리는 어느 정도 예측이 가능한 안정된 분위기 속에서 살아갈 수 있다는 점 때문에 질서를 좋아한다고 말할 수 있겠구나. 있어야 할 것이 제자리에 있는 것, 순서를 지키는 것, 규칙적인 것을 질서라고 이해하면서 말이야. 사람들이 질서를 좋아한다는 것은 질서를 원하고 필요로 한다는 말이 될 수도 있겠구나. 항상 원하는 것을 찾아 헤매는 존재가 인간이니까.

모두의 삶을 안정적이고 편리하게 하는 방법

아까 이야기했던 자연의 질서를 다시 생각해 보자. 이 세상은 정
말 그 자체로 아름답지. 물론 기분에 따라 달라질 수는 있지만
말이다. 바닷물의 양은 늘 일정한 수준을 유지하고, 산과 숲의
식물들은 구름과 어울려 하늘과 땅 사이를 순환하는 물의 여행
을 돕는단다. 해가 뜨면 그 빛에 힘입어 닭이 마당에서 기지개를
켜고, 골짜기의 은방울꽃은 이마의 이슬을 닦으며, 연어는 시냇
물을 거슬러 올라 알을 낳지. 대부분의 생명체가 잠에 빠져드는
밤이 오면 그 어둠 속에서 토란과 앉은부채는 꽃을 피우고, 딱정
벌레가 그 온기에 몸을 데운단다.

　이 세상은 마치 거대한 톱니가 교묘하게 맞물려 가는 것처럼
움직이고 있어. 거기에는 분명히 어떤 규칙이 있지. 그래서 우리
가 사는 세상은 변화무쌍하면서도 질서 정연한 조화의 아름다
움을 보여 주는 거야. 누가 이 우주와 세계라는 엄청난 기계를
작동하는 규칙을 만들었을까? 우리는 이렇게 신비한 자연을 본
받고 싶어서 질서를 좋아하고 또 필요로 하는지도 모르겠다.

　인간의 역사를 찬찬히 살펴보아도 그런 면이 있단다. 인류는
두 발로 이 땅에 선 순간부터 지금까지 살아남기 위해 노력해
왔어. 자연에 적응하여 체온을 유지하고, 사냥과 경작으로 먹는
문제를 해결하는 것이 가장 큰 과제였단다. 그러기 위해서는 날

씨, 토양, 바닷물의 높낮이, 사슴의 생태와 같은 자연의 규칙과 습성을 알아야 했겠지. 그러면서 사람은 사람들 사이에 필요한 규칙도 만들기 시작했을 거야.

자, 여기서 재미있는 질문을 던져 볼게. 인간 사회를 자연의 세계처럼 있는 그대로 가만히 두면 저절로 조화롭게 움직일까, 질서를 유지하기 위해서 특별한 노력을 기울여야 할까? 인간의 세계는 자연과 다른 것일까, 아니면 인간도 자연의 일부에 불과한 것일까?

우선 자연부터 생각해 보자. 자연은 보이지 않는 규칙에 따라 스스로 질서를 지켜 나가는 것처럼 보인다고 했지. 그런데 어떤 면에서는 그와 정반대의 현상도 있어. 에너지를 얻기 위해서는 열이 필요한데, 뜨거운 물도 그냥 두면 식어 버리지. 그 온도는 대기 속으로 흩어져 다른 것으로 바뀌겠지만, 물의 온도가 저절로 상승하는 일은 없잖아. 계란을 깨뜨려 프라이를 만들 수는 있지만, 프라이를 다시 계란으로 되돌려 놓을 순 없는 이치와 마찬가지란다. 커다란 암석 덩어리가 풍화 작용에 따라 바람에 실려 가는 모래알이 되듯이, 아름다운 꽃잎은 피었는가 하면 이미 시들어 가는 중이지. 생명은 탄생과 함께 죽음을 향해 달리고, 만물의 방향은 항상 소멸 쪽을 향하고 있는 거야. 물리학자들은 이런 현상을 열역학 제2법칙이라고 부르고 있단다.

가만히 두면 저절로 질서가 형성되는 게 아니라 무질서의 정도가 높아지는 현상을 열역학 제2법칙으로 이해해도 좋다면, 그 예는 우리 주변에서 쉽게 발견할 수 있어. 우선 네 책상 위를 보면 알겠지? 매일 정리하지 않으면 책과 노트가 쌓이고 먼지까지 앉아 엉망이 되고 말 거야. 지금 이모 사무실에 와 보면 무질서라는 게 어떤 건지 실감할 수 있겠구나.

자연 현상을 인간의 생활과 관련시켜 보면 더 복잡한 문제도 생긴다. 하늘에서 내리는 비는 그 자체로 자연 현상의 하나야. 그런데 빗물은 인간 생활의 질서에 도움이 될까, 해가 될까? 다른 모든 것에도 그렇겠지만, 물에는 이중의 성격이 있단다. 우리에게 필요한 수분은 유용하지만, 홍수는 재앙이 되고 말지. 자연 현상에서 이런 예는 얼마든지 있단다.

자연의 질서가 그렇듯이, 인간 생활에 필요한 질서에도 절대적인 것은 없어. 가만히 내버려 두면 질서가 흐트러지고 혼란이 생기기 마련이거든. 많은 사람들이 어울려 사는 사회와 국가에서, 대부분의 사람들이 모두의 생활을 안정적이고 편리하게 하는 데 가장 적당하다고 생각하는 질서를 그때그때 만들어 가는 수밖에 없어. 강제적인 힘을 써서라도 필요한 질서를 만드는 것이 옳다고 생각하게 됐지. 그 수단으로 등장한 것 중 하나가 법이란다. 그래서 법의 목적은 질서 유지라고 할 수 있어.

자유를 제한하고 질서를 세우는 이유

인간의 사회와 국가에는 온갖 종류의 질서가 필요하단다. 길 위에서는 교통질서, 학교에서는 수업의 질서, 서로 원하는 것을 차지하기 위해 경쟁의 질서, 알맞은 물건의 가치를 정하는 데 필요한 시장의 질서, 연구하는 학자들 세계에는 학문의 질서, 이런 모든 질서들을 제대로 세우기 위한 정치의 질서가 있단다.

나중에 조금씩 알게 되겠지만, 질서를 위해 만드는 법은 우리의 자유를 조금씩 제한하지. 대체로 법은 이러이러한 행위를 하지 말라고 금지하기 때문이야. 저러저러하게 행동해야 한다는 법도 있지만, 그것도 결국은 그 반대되는 행위를 해서는 안 된다는 말이니까.

인간에게 더 귀하고 가치 있는 것은 자유일까, 질서일까. 둘 다 중요한 것 같은데, 굳이 순위를 매기라면 아무래도 자유인 것 같다. 그런데 법은 왜 더 중요한 자유를 제한하면서 덜 중요한 질서를 세우려고 하는 것일까?

개인의 입장에서 보면 질서보다는 자유가 더 큰 가치를 지니겠지만, 어느 누구든 자기 혼자 살 수 있는 사람은 없어. 인간은 언제나 다른 사람들과 어울려 사회 속에서 살아가야 하고, 그러한 인간 사회에서는 질서가 있어야 사회를 구성하는 개개인의 자유가 보장된단다. 모두에게 자유만 주어지고 전체의 질서가 없어진

다면, 결국 진정한 자유는 그 사회에서 가장 힘이 센 한 사람만
누리게 될 거야.

질서를 지키는 일이 불편하게 여겨지는 건 사실이야. 하지만
자유롭게 살기 위해 질서는 필요해. 그러니까 편한 공동의 생활
을 위해서 개인이 불편함을 참아 낼 수밖에 없는 이치가 질서라
고 생각하면 되겠다. 그 질서를 유지해 주는 역할을 맡은 것은
두말할 나위 없이 법이겠지.

이모 사무실 바로 앞에는 왕복 8차선의 넓은 도로가 있는데,
그 도로 건너편에는 자장면이 아주 맛있는 중국 식당이 있어. 그
식당에 가려면 지하도를 건너야 하는데 아주 불편하고 귀찮단
다. 차들을 요리조리 피해서 도로를 가로질러 가면 아주 편하고
시간도 얼마 걸리지 않지. 만약 모든 사람들이 지하도를 이용하
는 게 성가시고 힘들다는 이유로 무단 횡단을 한다면 어떻게 될
까. 넓은 도로에 수많은 자동차와 사람들이 뒤엉켜서 엉망진창
이 되고 말 거야. 불편하더라도 보행자는 지하도 계단을 오르내
리도록 하고 운전자들이 안심하고 도로를 달릴 수 있게 하는 게
바로 법이란다.

혹시 알고 있니? 영국의 유명한 극작가 셰익스피어는 154편의
소네트를 남겼단다. 소네트란 일정한 운율을 가진 시를 말하는
데, 음악에서 소나타와 같은 것이라고 생각해도 괜찮아. 셰익스
피어의 소네트 8번의 한 부분을 읽어 보자.

여러 음이 화음으로 하나가 된 듯 잘 짜인 소리가
만약 그대의 귀에 거슬린다고 한다면
그 조화로운 음악은 그대를 상냥하게 나무랄 것이오
그대가 마땅히 맡아야 할 역할을 태만히 한 데 대하여

들으라, 하나의 현이 또 다른 현의 다정한 반려가 되어
마치 아버지와 아이 그리고 행복한 어머니를 닮은 듯이
모두 하나가 되어 함께 즐거운 노래를 부르듯이
현 하나를 퉁기면 서로 어울려 아름다운 화음을 이루는 모습을

말 없는 그 음악은 여럿이지만 하나처럼
그대에게 이렇게 노래하리, "혼자면 아무것도 아닐세"

우리가 즐겨 듣는 음악도 음을 규칙적으로 배열하기 때문에 아름답게 느끼는 것이란다. 조화로운 화음을 이루는 각각의 음도 가만히 들여다보면 아주 과학적인 방법으로 만들지. 팽팽하게 당겨진 줄을 퉁기면 나는 소리를 기본음이라고 하자. 그 줄을 정확히 이등분한 지점을 누르고 퉁기면 기본음보다 한 옥타브가 높은 소리가 생긴단다. 다시 3분의 1 위치로 누르는 지점을 옮기면 5도 높은 음이, 4분의 1 지점으로 가면 4도가 더 추가되어 다시 한 옥타브가 높은 음이 나타나는 식이지. 세상의 모든 곳에

는 이렇게 질서와 규칙이 여러 형태로 숨어 있단다.

　질서를 갖추고 그 질서를 느끼게 되면 우리의 마음은 안정되고 평화로워질 거야, 셰익스피어가 노래하듯이. 그런 면에서 법에다 가장 멋있는 별명을 하나 붙여 준다면 '질서를 찾아 주는 나침반'이 아닐까 한다. 나쁜 법이 들으면 좀 미안해질 테지만 말이다.

3

이름은 완전하고 형체는 불분명한 것?

정의를 꿈꾸는 사람들의 소망

토요일은 기현이에게 가장 즐거운 날이다. 정오가 가까울 무렵이면 더욱 그렇다. 학교에 가지 않는 놀토에는 눈뜨는 순간부터 느긋하지만, 학교를 가야 하는 토요일이면 수업을 마치는 시간만 기다려진다.

주말은 일주일에 한 번 오는 작은 방학이나 다름없다. 신기하게도 주말은 어김없이 찾아온다. 달력 열두 장을 넘겨보면 토요일과 일요일이 질서 정연하게 새겨져 있다. 역시 안정적이고 규칙적인 것이야말로 우리를 편하게 하는 것일까.

그런 생각도 잠시였다. 이번 토요일은 유쾌하지 않았다. 기현이네 반은 거의 한 시간 동안 선생님으로부터 정신 교육을 받았기 때문이다. 말이 정신 교육이지, 자존심 상하는 잔소리를 듣는 기분이었다.

기현이네 학교는 교복을 입고 다니도록 정하고 있지만, 머리 길이나 모양은 자유롭게 할 수 있다. 하지만 반 아이들 중 한두 명이 선생님에게 머리카락이 너무 길어서 지저분해 보인다는 지적을 받았다. 어떤 아이는 머리의 한쪽 부분을 살짝 염색한 사실을 들키고 말았다. 머리를 염색하면 안 된다거나, 제일 긴 머리카락이 몇 센티미터를 넘으면 안 된다는 규칙은 들어 보지 못했다. 단지 선생님의 눈에 거슬리는 복장이 규칙 위반이며, 질서를 어지럽힌 결과가 될 수 있다는 사실을 깨달았을 뿐이다.

선생님의 꾸지람은 같은 말을 되풀이하는 것처럼 들렸다. 기현이는 조금씩 자기만의 생각에 빠져 들었다. 질서가 중요한 건 알겠지만, 질서만 너무 강조하는 것도 지나친 일이 아닌가. 머리카락이 너무 길면 비위생적일 수 있다고 하는데, 깨끗이 감고 다니면 되는 것 아닐까. 자기 취향에 따라 염색을 하는 게 왜 안 된다는 말인가. 선생님은 염색한 머리가 보는 사람에게 혐오감을 줄 수 있다고 말씀하시지만, 가끔씩 손으로 머리카락을 쓸어 넘길 때 드러나는 희순이의 노란 머리카락을 불쾌하게 여기는 친구들은 아무도 없었다.

골똘히 생각을 하다 보니 기현이는 조금씩 졸리기 시작했다. 순간, 잊고 있던 장면이 떠올랐다. 초등학교 때 아파트 공원의 흙바닥에 쪼그리고 앉아 개미 떼를 지켜보던 자신의 모습이었다.

개미 수십 마리가 쉴 새 없이 어디론가 오가고 있었다. 개미들 대부분은 일렬로 줄지어 길을 따라 기어 다녔는데, 그중 한두 마리는 그 길을 벗어났다. 기현이는 그것이 눈에 거슬려서 벗어난 개미들을 손가락으로 밀어 다른 개미들이 다니는 길로 가게 했다. 하지만 머뭇거리던 개미는 기현이가 손가락만 들어 올리면 재빨리 자기가 가던 길을 찾아 뒤뚱거렸다. 기현이의 손가락은 개개인의 사정은 모른 채 질서만 내세우는 선생님처럼, 대열을 이탈한 개미만 보이면 재깍 밀어붙였다.

"이제 마지막으로."

선생님이 교탁을 치는 소리에 기현이는 정신을 번쩍 차렸다. 선생님은 경수가 교복을 깨끗이 빨아 입고 다니지 않는다고 야단을 쳤다. 경수의 윗도리는 때가 묻은 것이 보일 정도였다. 그러나 경수는 어머니가 없기 때문에 자기가 집안일을 도맡아 한다. 아버지는 공사판에서 밤늦게까지 일하고, 경수 혼자 어린 동생을 돌보며 빨래와 밥을 해야 한다. 그러니 항상 깨끗한 옷을 입을 수 없다.

지루한 선생님의 훈화가 끝나고 진짜 자유로운 주말 오후가 되었을 때, 기현이는 거의 달리다시피 교실을 빠져나왔다. 그러면서도 머릿속의 생각은 분명했다. 질서만 지키면 뭘 하는가. 질서와 함께 옳고 그름도 따져야 한다. 질서 속에는 그보다 더 중요한 무언가가 들어 있는 게 분명했다.

개미의 행렬이 자를 대고 그은 듯 일직선을 유지하면 신기할지는 모르지만, 반드시 그래야 옳은 것은 아니다. 대열을 흩뜨리고 벗어나는 개미의 사정이 있을 것이다. 그 이유를 알고, 그것을 받아들이거나 용서하는 태도가 옳다.

"이모, 제 기분이 어떤지 알겠다는 말씀이죠? 그럼 얘기 좀 해 주세요. 전 제 기분이 왜 이런지 모르겠거든요.”

“글쎄, 기분을 설명한다는 건 쉽진 않지. 어떤 감정을 함께 느끼는 건 쉬워도 말이야. 네가 그렇게 졸라 대니 어디 한번 애를 써 볼까? 저기 창밖을 봐. 뭐가 보이지?”

“도로요? 아니면 건너편 아파트?”

“아파트 건물 앞쪽에 정원 보이지?”

“이모 사무실에 올 때 가끔 봤는데, 아파트 정원을 어쩌면 저렇게 예쁘게 가꾸어 놓았을까 생각했어요. 항상 꽃이 피어 있더라고요.”

“저쪽에 서 있는 벚나무와 목련이 아니더라도 저 작은 정원에는 갖가지 풀과 꽃나무가 섞여 있단다. 봄이면 제비붓꽃부터 붉은 연령초나 노란 초롱꽃이 바닥을 밝혀. 그것이 가을이면 크로산드라나 아세로라로 바뀌곤 하지. 약간 구석진 반그늘에는 참나무잎수국이 자리 잡고 있어서 들판의 분위기를 살려 주기도 해. 무엇보다 주인공처럼 뽐내고 있는 꽃나무는 1년에 두 번 이상 피는 장미란다.”

“저도 장미는 아주 좋아해요, 물론 야생화도 예쁘지만. 그런데 왜 저 아파트 정원 얘기만 하세요?”

“저 정원은 가까이에서 보면 아주 아름답단다. 정성 들여 잘 가꾸고 있기 때문이지. 계절에 맞게 몇 가지 꽃나무를 갈아 심기도 하고, 나무들의 키와 간격을 생각하면서 삐주룩하게 나온 못 생긴 가지를 자르고 잡초를 뽑아 준단다. 시골 언덕처럼 자연스러운 면도 전혀 없진 않은데, 아주 깔끔하게 보이는 이유가 거기에 있어. 정원을 그대로 내버려 두었기 때문이 아니라, 신경 써서 가꾸었기 때문에 아름다워 보이는 까닭이 뭘까?”

“아하! 이제 무슨 말씀하시려는지 조금씩 짐작이 가요. 질서로군요.”

“그래. 저 정원은 질서가 있기에 더 아름답게 보여. 그 가운데 피어 있는 장미가 빛나게 예뻐 보이는 이유도 질서 속에서 균형을 이루고 있기 때문일 거야. 그런데 이렇게 생각해 봐.”

“어떻게요?”

“저 장미를 꽃집에 가면 1000원에 한 송이를 살 수 있는데, 정원에서 한 송이를 피우는 데 10만 원 이상이 든다면? 아니 더 쉬운 예를 들어 보자. 장미를 키운 다음 팔아서 생활하는 원예가가 있어. 그 원예가가 장미 한 송이를 피우는 데 1만 원이 드는데, 시장에 내다 팔면 5000원밖에 받지 못한다면? 저 정원의 장미를 한 번 쳐다보는 데 2000원씩 내야 한다면?”

“그건 말도 안 돼요.”

“왜 말이 안 되지?”

“불공평하잖아요.”

“맞아, 불공평하다는 표현은 비교적 정확해. 정원은 질서를 잘 유지하고 있어서 아름다운데, 눈에 보이지 않는 세세한 사정을 알아보니 불공평하다는 말이지."

"무슨 말씀인지 알겠어요."

"그렇다면 네가 좀 더 이야기해 볼래?"

"질서만 있다고 모든 게 좋은 것은 아니다. 질서 속에 담겨 있는 내용까지 공평해야 더 좋다?"

"그 정도면 훌륭해. 공평하다는 표현은 약간 부족할 수도 있겠다. 공평할 뿐만 아니라 옳다든지, 이치에 맞다든지 그런 의미까지 포함시키면 어때?"

"모든 일이 공평하고 옳으면 그게 이치에 맞는 것 아닌가요? 세상은 원래 그래야 하는 것이고요."

"그게 바로 많은 사람들이 입에 담는 정의라는 것이지."

"그러네요. 정의라고 하니까 아주 간단하고 깔끔하네요. 하지만 정의는 사람들이 살아가는 가운데 말할 수 있는 복잡하고 어려운 목표 같은 거라고 생각했는데, 그게 꽃밭의 장미하고 무슨 관계가 있는 거죠?"

"물론 조화로운 정원의 이야기는 비유란다. 비유는 마음속에 있는 그림을 보여 줄 수 있는 좋은 방법의 하나이기 때문에 사람들은 가끔 그 방법을 사용하려고 애쓰지. 그렇지만 정원 가꾸기나 예쁜 장미를 감상하는 일이 사람의 생활과 무관한 것도 아니잖아. 정원이 있는 집 근처에도 갈 수 없는 사람이 있는가 하면, 평생 장미 한 송이를 품에 안아 보지 못하는 사람도 있고."

“이해할 수 있을 것 같으면서도 뭔가 자꾸 헷갈려요.”

“그럼 이렇게 물어볼게. 정원의 아름다움이 정의와 관계가 있다고 생각하니?”

“그게 어렵다니까요. 아름다운 건 누구나 좋아하니까 정의라고 할 수 있나요?”

“그냥 아름답기 때문에 정의로운 것에 가깝다고 할 순 없겠지. 정원은 원래 정원으로서 지녀야 할 모습이 있겠지. 그건 정돈되고 아름다운 모습일 테고. 그러니 정원이 정원으로 마땅히 지녀야 할 모습으로 있다는 의미에서 정의에 가깝다고 할 수 있어.”

“그럼 예쁜 것은 정의고, 미운 것은 정의가 아니란 말인가요?”

“좋은 질문이구나. 당연히 그건 아니지. 아름답다는 것을 예쁘고 못난 것으로 나누어서 이해하려 하면 안 돼. 아름답다는 건 전체가 조화롭다는 말이고, 조화가 이루어져 있다는 건 질서가 있다는 뜻이야. 그래서 아주 넓게 보면 정의에 가깝다는 거야. 물론 여기서 무질서한 아름다움에 관한 이야기는 생략했다는 사실을 명심해 둬야겠지.”

“정의라는 건 정원을 감상하듯이 눈으로 보기만 해도 알 수 있는 건가요?”

“그것도 어려우면서 멋진 질문이구나. 겉으로 봐서 옳고 그름을 알 수도 있지만, 그 내용을 따져 봐야 하는 경우가 많아. 정원만 하더라도 그래. 정원을 가꾸는 데 일꾼들을 적은 삯을 주면

서 노예 부리듯이 했다거나, 꽃을 구경하는 데 엄청나게 비싼 관
람료를 내야 한다면, 그 정원은 아무리 훌륭한 모습을 지니고 있
더라도 정의에 가깝다고 할 수 없겠지."

"이제 조금은 이해가 돼요. 조금 된다는 말은 완전히 이해하지
못했다는 뜻이죠. 정의라는 게 아주 거창한 모습으로만 나타나
는 존재가 아니라, 우리 주변 어디에서나 쉽게 발견할 수 있다는
말씀이신가요?"

"역시 넌 철학자 자질을 타고났어. 왜 그런 말이 있잖아. 모든
만물이 있어야 할 그 자리에 있고, 각자가 각자의 몫을 가져가야
한다고. 그게 이루어져야 한다는 사상을 체계적으로 발전시킨
것을 정의론이라 할 수 있지. 수많은 사람이 모여 함께 살아가는
사회에서 그런 정의가 쉽게 실현될 수 있도록 기대하면서 만들
어 낸 수단이 법이기도 해."

"이모와 이야기하면서 깊이 생각할수록 제가 이해하는 게 늘
어나는 것 같아서 기분이 좋아요. 그런데 꽃밭보다 좀 더 실감
나는 예가 없을까요?"

"왜 없겠니. 아마 헤아릴 수 없을 만큼 많을 거다. 이런 옛날이
야기가 있어. 너도 잘 아는 《아라비안나이트》의 한 토막인데, 들
어 볼래?"

"재밌는 이야기였으면 좋겠어요."

"하루는 기도원에서 열심히 수행하던 한 예언자가 산 정상에

올라 저만치 아래를 내려다보고 있었어. 산기슭에는 맑은 샘이 솟았는데, 마침 말을 탄 사나이가 나타나더니 목에 걸고 있던 금화 자루를 벗어 놓고 샘물로 목을 축였지. 사나이는 샘 옆에서 잠시 쉬고는 그대로 말을 타고 가 버렸어. 자루를 챙겨야 한다는 걸 깜빡 잊은 거지. 얼마 후 다른 사나이가 물을 마시러 왔다가 자루 속에 금화가 가득 든 것을 보고 얼른 가져가 버렸단다.”

“금화를 가져간 것이 정의롭지 않다는 얘기는 아니겠죠?”

“계속 들어 보렴, 이건 시작에 불과하니까. 그로부터 또 얼마간의 시간이 흘렀어. 이번에는 땔감을 잔뜩 짊어진 나무꾼이 샘터로 왔지. 그때 자루를 놓고 간 사나이가 허겁지겁 말을 타고 달려와 자기 자루를 보지 못했냐고 물었어. 당연히 나무꾼은 아무것도 보지 못했다고 말했지. 그게 사실이니까. 하지만 자루를 놓고 간 사나이는 나무꾼이 거짓말을 한다고 생각했고, 그만 칼로 나무꾼을 베어 죽이고 말았어.”

“그럼 나무꾼이 너무 억울하잖아요!”

“산 위에서 이 모든 광경을 지켜보고 있던 예언자 역시 비통한 심정으로 알라신에게 외쳤어. ‘돈을 가져간 도둑은 멀쩡한데 돈을 훔치지도 않은 자가 비참한 최후를 맞았으니, 이런 불공평한 일이 어디에 있단 말입니까!’ 그때 하늘 저편에서 알라신의 목소리가 들려왔어. ‘우주의 법도를 모르는 어리석은 네 눈에 그렇게 보일 뿐이니라!’”

옛날 옛적, 어느 샘터에 남겨진 돈 자루.

쟁그랑~
이놈! 내칼을 받아라!
자루를 놓고 간 신밧드가 뛰어왔더니 돈은 없고 수상하게 생긴 나무꾼만이……
야! 왜?

횡재한 사람은 따로 있었는데……
메롱~

말이 되냐고? 알고 보니……

옛날보다 더 옛날에,
나무꾼 아버지가
신밧드 아버지를 죽였다는 거야!

날... 죽이다니...
복수하겠다...
신밧드 아빠
나무꾼 아빠
흥!

그렇다면 이건······ 진정한 정의 실현?

억울해?
아닌가?
나무꾼

"그게 우주의 법도와 무슨 상관이 있단 말이죠?"

"알고 보니 이 사건에는 복잡한 사연이 얽혀 있었어. 오래전, 자루를 놓고 간 사나이의 아버지가 자루를 들고 간 사나이의 아버지로부터 돈을 빼앗아 가서 갚지 않은 일이 있었대. 그리고 나무꾼의 아버지는 자루를 놓고 간 사나이의 아버지를 죽인 사람이라는 거야. 이 모든 사실을 알고 있는 알라신은 '결과적으로 정의는 실현되었으니 예언자 너는 걱정 말고 기도나 열심히 하여라'라고 말한 거지."

"두 번째 사나이는 돈 자루를 훔친 게 아니라 유산을 받은 것이나 다름없고, 자루를 놓고 간 사나이는 아버지의 복수를 한 셈이란 말이군요. 하지만 복수가 정의의 실현은 아니잖아요. 아버지를 대신해서 죽는 건 정당하지도 않고요."

"세세하게 따지면 그렇지.《아라비안나이트》는 이슬람 세계의 옛날이야기니까 그 점을 감안하고 읽어야 해. 이 이야기는 옳고 그름은 겉으로만 봐선 알 수 없고, 얽히고설킨 사정을 잘 따져야 한다는 의미를 담고 있어. 하지만 그보다는 나쁜 행동은 언젠가는 벌을 받게 되니 착하게 살라는 교훈을 담고 있다고 봐야겠지. 올바른 일은 이루어지고 나쁜 일은 금지되는 것, 착한 행동은 보상받고 악한 행위는 마땅한 벌을 받는 게 정의일 테지."

"그런데 법이 과연 그런 정의를 실현해 줄 수 있나요? 모든 나라에는 법이 있는데, 그럼 이 세상은 정의에 따라 돌아가고 있는 건가요?”

　“네가 오늘 밤도 나를 잠 못 이루게 하는구나. 오늘 밤에도 난 쓸 테니 넌 읽을 준비나 하렴.”

보낸 사람

세상의 기울기를 생각하며@이모

받는 사람

우리가 해야 할 일을 생각하는@기현

참조

아라비아의 어느 예언자, 정의의 친구들, 가난한 어린이들

제목

하늘이 무너지면 정의는?

기현이에게.

조용하고 아늑한 밤에 혼자 책상 앞에 앉아 정의를 말하려 하니 왠지 가슴이 두근거리는구나. 왜 그럴까? 곰곰이 생각해 보니 알 것도 같아. 아무도 없는 방에 혼자 앉아 머릿속으로 '정의란 무엇일까?'를 떠올린다고 생각해 봐. 그러다가 어느 순간 가만히 "정의!" 하고 소리 내어 말해 봐. 어쩐지 정의라는 말은 그 속에 불꽃 같은 게 심어져 있다는 느낌이 들지 않니? 이모는 가슴이 뜨거워지고, 갑자기 용기가 솟는 것 같고, 희망이 생겨날 것만 같은데 말이지.

무엇을 정의라고 할 수 있을까

정의가 가슴을 뜨겁게 하는 이유가 뭘까? 아마도 정의는 우리 인간들이 생각하고 만들어 놓은 가치 중에서 가장 고귀한 것들 중 하나이기 때문일 거야. 정의 실현은 항상 개인이나 사회나 국가의 목표이고, 정의가 이루어지는 걸 원하지 않는 사람은 없을 테니까.

그렇다면 정의는 뭘까. 혹시 네가 생각해 둔 정의의 의미가 있니? 그게 아니라면 너무 거창하게 생각하지 말고, 함께 차근차

근 더듬어 보기로 하자. 마치 정의가 코끼리처럼 우리 앞에 서 있다 생각하고, 가만히 눈을 감고 두 손으로 더듬어 가며 그 모습을 그림으로 그려 보듯이 말이야.

나는 지금 기현이 너에게 정의에 대한 메일을 보내려고 책상 앞에 앉아 있어. 자정에 가까워져서 그런지 주변이 조용해. 사색하고 편지 쓰기에는 아주 적당한 분위기야. 이 세상, 아니 이 세상이랄 것도 없이 우리 동네에는 수많은 사람들이 함께 살지만, 오직 내 자신만 생각해 보기로 하자. 그냥 나 혼자만 생각한다면 지금 이 순간의 분위기가 최상이야. 나는 이 시간의 이런 고요함이 참 좋단다.

만약 이때 창밖에서 소란스러운 사건이 벌어져 동네 사람들이 잠을 제대로 잘 수 없게 된다면 어떨까? 내 기분은 아주 엉망이 되고 말 거야. 갑자기 비가 쏟아진다면 그 빗소리조차 내게는 성가실 수가 있어. 지금의 이 고요함은 내게 기쁨과 행복감과 안정감을 주고, 예기치 않게 발생한 소음은 불쾌감과 불안감, 약간의 고통을 주게 될 거야. 그렇다면 내가 좋아하고, 나를 행복하게 하는 상태가 계속되는 것을 두고 정의라고 부를 수 있을까?

이제 다른 상황을 떠올려 보자. 옆집에 밤마다 잠을 이루지 못하는 청년이 있다고 가정해 보는 거야. 그 사람은 공부도 많이 했고 인상도 괜찮은데, 아직 직장을 구하지 못했어. 얼굴에는 고민을 많이 한 흔적이 역력하고 경제적으로도 어려울 거야. 매일

방에만 틀어박혀 신세를 한탄하다 보니 병이 들고 말았어. 결국 그 청년은 어둠을 두려워하게 되었지. 주변이 고요하면 더 불안하고 공포감마저 느낄 정도야. 밤이 돼도 거리가 대낮처럼 밝고, 마치 축제일이라도 되는 것처럼 밤새 사람들로 붐비고 시끄러워야 마음이 놓이는 거지. 이런 청년이라면 환하고 시끄러운 밤거리가 정의롭게 느껴지지 않을까?

왜 똑같은 상황이 나란히 이웃해 있는 두 사람에게 전혀 다르게 받아들여질까. 어떤 사람에게는 정의로운 것이 동시에 다른 사람에겐 정의롭지 않을 수 있느냔 말이지.

처음에는 알 것도 같았는데 오히려 더 복잡하고 어려워졌지? 이 문제에 대해선 몇 가지 생각할 거리만 정리하고 넘어가도록 하자. 사람의 기분이나 느낌과 관련된 일도 정의와 관계가 있을까? 정의는 모든 사람에게 동일한 것이어야 할까? 만약 사람마다 정의가 다를 수 있다면, 시간이나 장소에 따라서도 달라질 수 있을까? 무엇이 정의를 가져다줄 수 있을까?

좋은 질문은 좋은 대답이나 다름없을 때가 있단다. 이렇게 몇 가지 물음으로 정리했으니, 다시 처음부터 시작해 보자. 물음에 대한 대답을 찾아보는 거지. 답을 발견할 수 있을지조차 아리송하긴 하지만.

각자 처한 상황에 따라 정의가 달라진다면

정의란 무엇이지? 한마디로 이렇게 말할 수 있겠구나. 마땅히 그래야만 하는 것. 그리고 각자가 자기의 몫을 가져가는 것. 아주 간단하지? 이것도 더 간단히 줄일 수 있을 거야. 왜냐하면 각자가 자기의 몫을 가져가는 일도 결국 마땅히 그래야 하는 일 중 하나니까. 하지만 세상의 많은 일들이 그렇듯이, 간단하게 보일수록 그 내용은 복잡하고 어려울 때가 많단다.

먼저 일정한 계획에 따라 진행되는 일을 따져 보자. 넌 일요일에 주로 뭘 하며 보내니? 이모는 일요일 오전에 이모부와 함께 배드민턴을 치러 강 건너에 있는 희망공원에 가곤 해. 걸어가기에는 먼 거리여서 공원 입구까지는 자동차로 간 다음, 공원 한쪽에 마련된 코트에서 배드민턴을 즐긴단다. 차를 운전해서 갈 때는 교통 규칙을 지켜야 하지. 사고를 내면 안 되기도 하지만, 무엇보다 신호와 차선을 지키도록 법이 정하고 있기 때문이지. 교통 규칙은 법으로 정해져 있고, 운전하는 사람은 교통 규칙을 알고 있어. 그렇기 때문에 운전자가 교통 규칙을 지키는 일은 마땅히 그렇게 되어야 할 일 중의 하나이고, 자신이 세운 계획에 따라 지킬 수 있는 일이야.

공원에 도착해서 배드민턴을 치려는데 코트에 빈자리가 없는 거야. 배드민턴을 치려는 사람은 많은데, 코트는 겨우 네 개밖에 없거든. 그걸 차지하려면 새벽부터 줄을 서야 할 판이야. 그래서 사람들이 산책하거나 달리기를 하는 오솔길을 차지하고 셔틀콕을 날려 댄다면 어떨까? 다른 사람들이 불쾌해하겠지. 사람은 자기 취향이나 기분에 따라 산책하거나 뛰거나 배드민턴을 칠 수 있어. 자신이 하고 싶은 일을 하는 것도 마땅히 그렇게 돼야 할 일이라고 할 수 있겠지. 하지만 사람들이 다니는 좁은 길에서 배드민턴을 치고 싶은 욕심이 그 길을 평화롭게 산책하려는 사람의 욕구와 부딪치게 되면 사정이 달라진단다.

'우리는 어떻게 살아야 할 것이며, 이 세계는 어떤 모습으로 바뀌어야 하는가?' 이런 거창한 과제만이 정의와 관계있는 건 아닐 거야. 다른 사람들이 심각하게 생각하지 않는 개인의 작은 고민거리도 정의와 무관하다고 할 수는 없을 테니까 말이야. 사소한 개인의 일에서부터 정의가 이루어진다면 그것이 국가와 우주의 문제로까지 퍼져 나갈 수도 있지.

이번에는 사람의 의지와 관계없이 일어나는 일에서도 옳고 그름을 가릴 수 있는지 생각해 보자. 벼농사를 짓는 농부에게 가장 중요한 일은 무엇일까? 모내기를 할 때는 물이 모자라지 않게 비가 와야 하고, 추수 전까지 벼가 단단하게 잘 익도록 하기 위해선 햇볕이 쨍쨍 내리쬐어야 한단다. 그러니 필요할 때 비가 내려 주고, 또 어떨 땐 맑은 날씨가 계속되는 것이야말로 농부의 정의겠지.

그런 자연 현상은 조절할 수 있는 게 아닌데, 신기하게도 자연은 인간에게 필요한 환경을 제공하는 것처럼 보이잖아. 마땅히 그렇게 되어야 하는 일을 자연스러운 일이라고 하기도 하지. 그래서 예로부터 자연의 법칙이나 신의 섭리를 정의로 이해하는 경향도 생겼단다. 자연의 이치에 따르거나 신의 뜻을 실천하는 것이 정의라는 거지.

물론 자연의 이치나 신의 뜻에 의문을 품게 되는 경우도 있어. 큰 홍수가 일어나 집과 재산을 삼켜 버리는가 하면, 가뭄으로 많은 사람을 굶주리게 하고, 또 난데없이 지진이나 해일이 나타나 수십만 명의 목숨을 한번에 앗아 가기도 한단다. 우리가 보기에 그런 사태는 부정의의 모습이지.

이제 정당한 자기의 몫에 대해 고민해 보자. 몫이란 나누어 가지는 양을 말하지. 몫을 결정하는 일을 분배라고 표현한다는 건 너도 알고 있을 거야. 어쩌면 인간에게는 분배 문제가 가장 중요할지 몰라. 재물이나 이익이 있을 때, 그것을 모두가 만족스럽게 나눌 수 있는 방법이 정의가 되기도 한단다. 모두가 만족하도록 분배하는 것이 쉽지 않은 까닭은, 사람은 누구나 많이 가지려는 욕심이 있기 때문이야. 그렇다면 인간의 소유욕은 왜 생기는 걸까?

그리스 신화에 이런 이야기가 있어. 제우스 신이 가만히 보니 플루토스는 항상 착한 사람에게만 재물을 주는 거야. 그래서 플루토스의 시력을 빼앗아 아무것도 보지 못하게 만들었대. 플루토스가 선악의 구분 없이 모든 사람에게 똑같이 재물을 나누어 주도록 하려고 말이야.

평등도 정의의 한 부분이야. 하지만 사람들은 모두가 똑같이 나누어 갖는 것에 만족하지 않아. 재물이 충분해서 자기가 살아가는 데 필요한 만큼을 나누어 가져도 그래. 도대체 사람은 왜 남보다 더 많은 돈이나 재산을 모으려 할까.

처음에 사람들은 필요한 만큼의 재물을 원하지. 그것이 충족되면 앞날을 대비하려고 노력해. 그런데 어느 정도를 모으는 것이 적당한가에 대해선 아무런 기준이 없어. 그러다 보니 가능한 많이 모으려고 욕심을 부리게 되지. 재물이라는 건 묘해서 모든 사람이 똑같이 가시고 있으면 그것이 귀한 술 놀라. 다른 사람이 가지지 못한 걸 가지거나, 다른 사람보다 더 많은 걸 가져야 가치가 커진다고 알고 있어. 재물을 모은다는 건 '다른 사람보다 더 많은 것을 가지려 한다'는 말과 같아. 그래서 서로 경쟁하는 일을 당연하게 생각하는 거야.

이런 생각이 바탕에 깔려 있으니 사람들은 개인의 능력이나 노력에 관계없이 모두 같은 몫을 가져가는 식의 평등을 원하지 않아. 자신의 능력이나 노력에 따라 자기 몫을 가져가고, 그때 생기는 차이를 합리적이라고 표현한단다. 차별이 있으면 평등하지 않다고 생각하면서도, 합리적인 차별이 있으면 그건 괜찮다는 거야. 이 표현은 꽤 중요해. 합리적이란 말 속에는 정당하다는 의미도 포함돼 있기 때문이지. 덕분에 사람들은 마음 놓고 서로 경쟁하고, 그 결과에 따라 많이 가진 사람과 적게 가진 사람이 구분되는 거지. 물론 가진 것이라곤 몸뚱어리밖에 없는 사람도 있다는 걸 잊어서는 안 된단다.

재능이나 노력에 따라 분배하는 것이 더 어려운 이유

모든 사람이 모든 물건을 똑같이 나누어 갖는 것이 옳다면, 그건 그리 어려운 일이 아닐 거야. 그에 비해 능력이나 노력 또는 다른 여러 사정을 잘 따져서 알맞은 몫을 분배하는 일은 아주 어렵지 않을까. 그래서 정의를 실현하는 일이 쉽지 않은 거란다. 뛰어난 능력을 발휘하고 노력을 많이 한 사람이 더 많은 몫을 차지하는 일을 잘못되었다고 할 수는 없어. 사람들은 재능이 뛰어나거나 노력을 많이 한 사람이 그렇지 않은 사람보다 조금 많은 몫을 갖는 결과를 합리적이라고 생각하기 때문이야.

하지만 각자의 능력과 노력을 무기 삼는 경쟁이 공평하려면, 모두에게 거의 동등한 기회가 주어져야 한단다. 공부든 운동 경기든 사업이든, 원하는 사람은 누구나 경쟁의 출발선에 설 수 있는 기회와 자유가 보장되어야만 경쟁에서 진 사람이 결과에 승

와!~ 내가 일등이다!
와!
와!
역시 잘 달리는
내가 1등!
헉헉..

잠깐!!!
난 뒤로
뛰어왔고
난 눈 감고
뛰었고
난 기어 왔다고!
그럼 일부러
느리게 뛰란 말이냐?
오-잉…

복할 수 있겠지.

사람의 재능이나 노력의 가치를 잘 따져서 거기에 맞는 몫만 제대로 정하면 쉽게 정의에 다가갈 수 있겠다고 생각할 수도 있어. 그렇지만 그게 그리 수월한 일은 아니란다. 수월하기는커녕 몹시 어렵다는 게 더 정확할지 몰라. 신중하고 세심하게 기준을 만들어 분배를 해도 그 결과가 항상 옳다고 할 수는 없으니까 말이야.

이건 아주 중요한 문제니까 한 번 더 깊이 생각해 보자. 기현이 네가 성민이보다 머리도 좋고, 공부도 더 많이 해서 시험에서 더 높은 점수를 받았다고 해. 네가 90점이고 성민이가 80점이면 우리는 그 결과를 아주 당연하고 공평하다고 생각하지. 하지만 그 점수 차이가 반드시 정당한 것은 아니라는 거야.

너의 재능이 뛰어나다는 것은 그 자체로는 특별한 의미가 없어. 다른 사람과 비교했을 때 네 능력이 더 낫다면 그때 비로소 의미가 생길 뿐이야. 만약 너희 학교의 같은 학년 친구들이 모두 똑같은 실력을 가지고 있어서 늘 같은 점수를 받는다면, 너의 공부 능력이란 특별한 의미가 없는 거지. 너의 학업 능력이 뛰어나다고 평가를 받는 건 너보다 못한 사람들이 있기 때문에 가능한 일이야. 그렇다면 넌 네 의사와는 관계없이, 너도 모르는 사이에 너보다 재능이 떨어지는 친구들을 이용한 것이나 다름없게 된단다. 너보다 공부를 못하는 사람이 없다면, 네가 공부를 잘한다는 사실을 알 수 있는 방법이 없잖아.

무엇보다 모두 똑같은 환경에서 공부할 수 있는 게 아니란 사실을 기억해 둘 필요가 있어. 가난한 집에서 태어난 아이는 여러 식구와 한 방에서 지내야 하지만, 넓은 집에서 자라는 아이는 자기 방에서 조용하게 책을 보며 집중할 수 있지. 어떤 아이는 체력이 좋아서 서너 시간만 자도 끄떡없는데, 허약하게 태어난 아이는 몇 십 분 동안 앉아 있을 수조차 없는 경우도 있어. 부모가 돈이 많아 쾌적한 환경에서 필요한 과외를 받아가며 공부하는 모습과 경제적으로 풍족하지 않아 먹고사는 문제를 고민해야 하는 상황을 비교해 보면 잘 이해가 될 거야.

그렇다고 재능이 있어 공부를 잘한 사람에게 잘못이 있다는 말은 아냐. 학생들의 성적에 차이가 난다면, 성석이 낮은 학생들의 실력이 향상될 수 있도록 수업을 진행하는 것이 정의의 의미에 더 맞는다는 것이지. 전체적으로 봐서는 그렇게 해야 한다는 게 내 생각이야.

물론 공부를 잘하는 사람이 더 잘할 수 있도록 해야 한다고 믿는 사람들도 많아. 공부 못하는 사람들에게 신경 쓰다 보면 잘하는 사람이 공부하는 데 방해가 된다고 생각하는 거지. 그건 아마 수업의 목적이 무엇인가에 대한 의견이 다르기 때문일 거야. 성적에 따라 등수 매기는 일을 중요하게 여긴다면, 공부 잘하는 사람 중심으로 수업을 진행해야 한다고 생각하겠지. 하지

만 학생들에게 일정한 수준의 지식을 전해 주고 이해할 수 있도록 하는 것을 수업의 목적이라고 생각한다면, 당연히 내가 주장하는 방식이 옳지 않겠니?

돈을 벌거나 명예를 얻는 일도 마찬가지일 거야. 돈을 많이 벌어 재산을 축적하고, 명성을 얻어 그 인기가 하늘을 찌를 듯하더라도, 그 사람의 성공은 그보다 못한 사람의 실패 위에서 이루어진 것이야. 그러니 경쟁에서 이긴 사람이 얻은 이익의 일부를 경쟁에서 진 사람을 위해 사용하도록 하는 제도가 필요한 거란다. 그것이 바로 정의를 실현하는 방법이라고 주장하는 사람들이 있어. 정의에 대한 다른 의견도 있지만, 내가 가장 옳다고 믿고 네게 들려주고 싶은 정의는 바로 그런 것이란다.

사람은 누구나 성석이 뛰어나다고, 단번에 큰돈을 벌었다고, 세계에 이름을 떨쳤다고 흥분할 게 아니라 항상 겸손해야 해. 겸손도 틀림없이 정의의 한 부분일 테니.

무슬림에게는 자카트라는 규칙이 있어. 그 말의 의미는 수입을 깨끗하게 한다는 것인데, 사람들이 한 해 동안 벌어들인 수입의 2.5퍼센트 정도를 가난한 사람들을 위해 기부하는 아름다운 전통이지. 이슬람의 세계에는 자카트와 비슷한 상속 제도도 있어. 사람이 죽어 재산을 남기면 남은 가족들이 일정한 비율에 따라 상속 재산을 나누고, 조금은 남겨서 가난한 먼 친척에게 준대. 그래야 빈곤한 사람도 스스로 일어설 수 있는 기회를 마련할 수 있다고 생각하기 때문이야.

정의가 보이지 않으면 부정의를 찾아라

이렇게 몫의 분배를 이야기하니까 정의의 모습이 조금은 구체적
으로 떠오르는 것 같지 않니? 그런데 우리가 살고 있는 이 지구
의 구체적 모습은 정의와 어느 정도 가까이 있을까. 네 생각은
어때? 그럼 내가 알고 있는 몇 가지 예를 들어 볼게.

　에티오피아의 세마 케디르는 세 아이의 엄마였어. 그들이 사는
곳은 물이 귀해서 이틀에 한 번씩 20킬로미터나 떨어진 곳에 있
는 우물까지 걸어가 물을 길어 와야 한 숟가락의 죽이라도 끓여
먹을 수 있었어. 그런데 하루는 세마가 우물에서 돌아오는 길에
넘어져서 이고 있던 물 항아리를 깨뜨려 버린 거야. 그 가족에게
는 새 물동이를 살 돈조차 없었어. 절망한 세마는 그날 밤 자살
하고 말았어. 이 지구 위에서 물이 부족해 사망하는 사람이 매
년 1200만 명이나 된다고 하는구나.

　아프리카 시에라리온 사람들의 평균 수명은 겨우 38세밖에 되
지 않아. 세계에서 가장 가난한 나라들에서는 5세가 채 되기 전
에 죽는 아이들이 5명 중에 1명 꼴이야. 하루에 1000원 미만의
돈으로 살아가는 사람이 12억 명이고, 2000원 미만으로 생계

를 유지하는 사람은 세계 인구의 절반이나 돼. 그런가 하면 8억 4000만 명 이상의 사람들이 영양실조 상태인 것이 2000년대에 들어선 지 10년이 지난 이 지구의 현실이야. 정말 믿기 어려울 지경이지.

우주선에서 보면 그토록 아름답게 빛나는 녹색 별이라는 이 지구에 산다고 해서 모두가 같은 인간이 아냐. 빈부의 차이라는 말은 많이 들어 봤겠지만, 실제로 어느 정도 차이가 나는지는 잘 모르지? 세계에서 가장 부자인 세 집안의 총 재산이 가장 가난한 사람 6억 명의 1년 총 수입을 합한 것과 같다고 해. 이런 현실을 알았을 때 기현이 너는 어떤 생각이 드니? 도대체 정의는 어디로 사라진 걸까.

페르시아의 왕 코스로스 1세는 어릴 때부터 아주 총명했대. 가정 교사와 여러 과목의 공부를 했는데 항상 스승을 놀라게 할 정도였다는구나. 어느 날 스승은 아무런 이유도 없이 엄한 벌을 주었고, 어린 왕자는 분함과 고통을 참아 내며 벌을 받았어.

몇 년이 지나 왕자는 드디어 왕위에 올랐어. 왕이 되자마자 제일 먼저 한 일이 뭔지 알아? 옛 스승을 불러 그때 왜 그렇게 불공정한 벌을 주었는지 해명하라고 요구했어. 잘못한 것도 없는데 벌을 받은 일이 너무 억울했기 때문이었지. 스승은 마치 기다렸다는 듯이 말했어.

"어릴 적 폐하의 영리함을 보고 틀림없이 왕위에 오르실 것으로 믿었습니다. 그래서 불의가 얼마나 한 사람의 가슴에 오래 남는 고통인지 보여 드리기 위해서 일부러 그렇게 한 것입니다. 폐하께서는 부디 정당한 이유 없이 그 누구도 벌하지 않으시기를 바랍니다.”

정의의 모습이 잘 보이지 않을 때는 부정의를 찾아보면 돼. 코스로스 1세의 스승이 아니더라도, 부정의 또는 불의는 눈에 잘 띄거든. 우리 눈에 불의가 자주 보이지 않으면 정의가 비교적 잘 이루어지고 있고, 주변에 불공평한 일이 잘 일어나지 않으면 그런대로 정의로운 사회에서 살고 있다고 판단할 수 있지.

자기가 하는 일이 순조롭고 마음이 편하면 정의가 찾아왔다는 느낌을 가지는 게 사람이란다. 하지만 그럴 때도 조금만 주위를 살펴보면 억울하고, 안타깝고, 부당한 일이 많다는 사실을 알게 되지. 이 세상에 아직 정의가 많이 부족하기 때문인지, 아니면 세상 사람들이 너무 많은 정의를 바라고 있기 때문인지 모를 지경이야.

정말 정의는 상황에 따라 달라지는 걸까?

이 땅에 살고 있는 모든 사람들이 정의를 원하고 있는데 왜 정의는 제대로 실현되지 않을까? 거기에는 몇 가지 이유가 있을 거야.

우선 좋은 일은 이루어지기 힘들기 때문일 수도 있어. 평등이라든지 행복이라든지, 또는 평화나 인권 같은 것들을 생각해 보면 이해가 될 거야. 모든 인류가 최고의 가치로 꼽는 목표는 항상 달성하기 힘든 것들이니까. 하지만 그런 식으로 이야기하는 건, 그 말이 옳다 하더라도 너무 막막하지. 학자들이나 하는 고민처럼 말이야.

다른 이유를 찾을 수도 있을 거야. 사람마다 생각하는 정의가 조금씩 다를 수도 있어. 정의가 다르다고? 좀 이상하게 들릴지 모르지만, 우선 이렇게 이해하면 편할 거야. 정의는 거의 변함없이 제자리에 있어. 거의 변함이 없다고 한 데도 이유가 있는데, 그건 변함없는 정의를 바라보는 사람들의 태도나 생각이 다를 수 있기 때문이야.

같은 일을 두고도 어떤 사람은 이것이 옳다 하고, 다른 사람은 저것이 옳다고 하는 경우는 많아. 모든 국민으로부터 똑같이 세금을 받는 게 옳으냐, 재산이 많은 사람에게 더 많은 세금을 받는 게 옳으냐, 재산이 많은 사람에게 얼마만큼 더 많이 세금을 부과하는 게 옳으냐에 대해 의견이 다른 것을 보면 알 수 있지.

이 문제에 대해서는 개인과 국가 중에서 어느 쪽을 더 우선하여 생각하느냐에 따라 입장이 다를 수가 있어. 개인보다 국가나 공동체를 중요하게 생각하면 재산이 많은 사람에게 더 많은 세금을 내라고 요구할 수 있지. 반면 개인을 더 중요하게 생각한다면, 국가가 개인의 재산을 함부로 손댈 수 없다고 판단할 것이기 때문에 당연히 더 많은 세금을 부과할 수 없다는 입장이겠지.

이런 문제도 있어. 이라크나 아프카니스탄에서 미국이 일으킨 전쟁에 우리 군대를 파견하는 것이 옳은지, 보내지 않는 것이 옳은지를 두고 의견이 일치하지 않았어. 흥미로운 것은 찬성하는 쪽이나 반대하는 쪽이나 모두 "평화를 위해서!"라고 목청을 돋우었다는 사실이란다.

물론 우리 앞에 놓인 문제들 중에는 반드시 그렇게 되어야 하는 것과 이렇게 할 수도 있고 저렇게 할 수도 있는 것도 있어. 정의는 반드시 그렇게 되어야 하는 문제에 가까운데, 그걸 가려내는 일이 쉽지는 않아.

정의는 시간이나 장소에 따라 조금씩 달라지는 것처럼 보이기도 한단다. 조금 전에 정의는 변함없는 게 아니라 거의 변함이 없다고 했지? 자꾸 바뀌는 정의는 우리를 더 곤란하게 만들지. 그럴 리가 있느냐고? 간단한 예를 들어 볼게.

얼굴이나 이름, 주소 또는 핸드폰 번호와 같은 것은 그것을 지니고 있는 사람에게 사용하거나 처분할 권리가 있어. 그것을 다른 사람에게 알린다거나 어떻게 사용할지는 권리를 가진 사람이 결정해야 옳겠지? 그렇기 때문에 허락 없이 다른 사람의 비밀스러운 모습이나 얼굴을 몰래 찍거나, 사진을 함부로 사용하는 것은 법으로 금지되어 있어. 그 사람의 권리를 침해하기 때문이지.

그렇다면 카메라가 발명되기 전에는 어땠을까? 그런 문제는 아예 일어나지도 않았겠지.

이 경우에도 생각할 거리는 많아. 다른 사람을 몰래 찍는 행위를 기준으로 하면, 카메라가 있는 시대의 정의와 카메라가 없던 시절의 정의는 다른 것 같아. 하지만 몰래 사진을 찍는 행위를 다른 사람을 불쾌하게 만드는 행위로 바꿔 놓으면 어때? 그런 행위는 카메라가 없던 옛날에도 옳지 않은 행위가 될 수 있겠지.

정의에는 다른 모습들도 많단다. 좋은 일을 한 사람에겐 상을 주고, 나쁜 일을 한 사람에겐 벌을 주는 일도 마땅히 그렇게 되어야 할 일이지. 옛날에는 인과응보를 정의라고 생각하기도 했어.

정의란 참 묘한 것이기도 해. 그토록 당연한 것인데도, 구석구석에서 찾으려고 하면 도대체 그 모습이 확실하게 드러나지 않거든. "이것은 절대적인 정의야!"라고 할 수 있는 게 있다면 얼마나 편하고 좋을까. 그것이 분명하지 않으니까, 우리는 그때그때 필요할 때마다 이것이 과연 정의인가 불의인가를 따져서 가려야 하는 거야.

맹자는 이런 말을 남겼단다. "나는 생명을 원하고, 또 정의를 바란다. 둘 중에서 꼭 하나만 택하라고 한다면, 생명을 버리고 정의를 선택할 수밖에 없다."

처음에 이야기했듯이, 선현의 이런 한마디를 들으면 가슴이 두근거리고 정의의 불꽃이 타오르는 느낌이 들기도 해. 독일의 철학자 임마누엘 칸트도 비슷한 말을 남겼어. "하늘이 무너져도 정의는 세워야 한다."

그럼에도 정의를 발견하는 것은 힘들어. 무엇이 정의이고, 정의가 어디에 있는지 말이야. 몰래 카메라 얘기를 하면서 꺼냈던 정의의 기준을 다시 생각해 보자. 몰래 사진을 찍는 행위가 무엇인지 판단하기는 쉬워. 이렇게 좀 분명하고 확실한 내용을 구체적 기준이라고 할 수 있지. 그런데 구체적 기준은 너무 많고 다양해서, 때와 장소에 따라 똑같이 적용할 수 없는 경우가 많아. 우리의 동작 하나하나마다 정의인지 아닌지 미리 정해 둘 수도 없고 말이야.

그래서 정의의 기준을 조금 높이고 넓혀 보기도 하는 거야. 말하자면 몰래 사진을 찍는 행동을 다른 사람을 불쾌하게 하는 행동으로 말이야. 그런 기준은 고개를 끄덕이게는 하지만, 무엇이 불쾌하고 불쾌하지 않은지를 따지기가 쉽지 않아. 사람에 따라 많이 다를 수도 있고. 어떤 상황에 써먹기에는 적당한 것 같지만, 그 내용이 분명하지 않고 아리송한 경우를 추상적이라고 표현해. 그렇다면 정의 자체가 구체적이지 못하고 너무 추상적인 걸까?

권리도 비슷해. 자신의 권리를 마음껏 행사할 수 있고 누릴 수 있는 일도 정의에 포함되겠지. 공원 산책길에서 내가 배드민턴을 칠 권리와 다른 동네 사람이 산책할 권리는 서로 충돌했어. 이때 두 권리는 동등한 걸까? 하나의 권리는 다른 권리에게 자리를 비켜 줄 수밖에 없어. 정의와 정의가 서로 부딪치는 일은 있을 수 없을 거야. 둘 중 하나는 옳고, 다른 하나는 옳지 않아야 우리가 편하게 살아갈 수 있으니까.

일상생활에서 정의를 실천하기 위한 수단

이렇게 책상 앞에 앉아 정의를 생각하는 일은 무척 어렵고 힘들단다. 정의를 쉽게 이해하고 고통스럽지 않게 실천할 수 있도록 사람들은 여러 가지 제도를 만들었어. 그중의 하나가 법이야.

한 국가에서 실제로 사용하고 있는 법의 수는 보통 수천 개가 넘는단다. 그 많은 법들의 공통된 목적 중의 하나가 정의란다. 법을 만든 인간이라는 존재는 욕심도 많아. 질서에다 정의까지 법의 목표로 삼았지. 그 말이 진실이라면, 우리는 아주 편하고 행복하게 살 수 있단다. 법만 지키면 정의가 저절로 이루어질 수 있으니까!

그렇지만 정말 그럴까. 법은 모든 정의를 포함하고 있을까. 혹시 어떤 정의를 놓치고 있지는 않을까. 법의 내용 중에 악법이라고 부르는 부정의가 들어 있지는 않을까.

정의는 우리의 꿈이야. 이루어 낼 수 있다고 믿으니 꿈으로 간직하지만, 실제로 이루어 낼 수 있을지는 누구도 확신할 수 없어.

우리 모두에게 달렸지. 정의를 일상생활에서부터 쉽게 실천하기 위해 만든 수단의 하나가 법이야. 법은 정의를 꿈꾸는 사람들의 소망이 적극적으로 표현된 산물이라고 할 수 있겠지. 그러니 정의는 법의 꿈이기도 해.

노벨상을 받은 미국의 물리학자 리처드 파인만이 어릴 때 즐겨 부르던 노래가 있었어. 그 가사가 아주 재미있단다.

지네는 너무나 행복했대요.
두꺼비가 장난으로 이렇게 말하기 전에는.
"지네야 지네야, 어느 발 다음에 어느 발을 내딛는 거니?"
지네는 자기도 너무 궁금해서
궁리 궁리하다가 도랑에 빠지고 말았대요.
어떻게 걸어야 할지 몰라 그만 발이 꼬였대나요.

정의를 꿈꾸는 법이 어떻게 정의를 실현할 수 있을지는 앞으로 천천히 더 고민해 보자. 이제는 너무 졸립구나. 더 쓰다가는 일요일 아침 해가 떠오르고 말 거야. 이모가 좋아하는 송창식의 〈참새의 하루〉라는 노래 가사처럼 말이야. 이 정도에서 오늘 이야기를 그치는 일도 내 자신의 건강을 위해서 정의로울 수 있단다. 대신 내일부턴 무엇이 옳고 그른지 생각하는 습관을 가져 보기로 하자. 너무 생각에 골똘한 나머지 파인만의 노래에 등장하는 지네처럼 돼서는 곤란해. 한 걸음 걸으며 이것이 옳을까, 또 한 걸음 내디디며 이것은 정의일까, 이렇게 살다가는 정의와는 영 거리가 멀어질 수도 있단다.

평소에는 세세하게 정의의 기준을 생각하며 행동하기보다는, 대범하게 자기가 옳다고 믿는 대로 자신이 원하는 대로 살아가면 돼. 그 결과가 정의와 맞게 되면 그 사람은 행운아인 셈이지. 뭔가 정의에 맞지 않는 듯한 느낌이 들면, 그땐 혼자서 반성도 하고 사색도 하며 공부를 하는 거야. 다른 사람들의 의견도 들을 필요가 있겠지. 그리고 다시 행동을 옮기는 거야. 실천 없이 정의를 기대하긴 어려우니까.

자기도 모르는 사이에 자신의 동작 하나하나가 정의에 맞게 된다면 정말 행복한 삶이 될 거야. 발걸음도 꼬이지 않으면서 말이지. 그 방법이 무엇인지 알기 위해 우리는 평생 공부하며 살아가는 것이란다.

4

자유롭기 위해 자유를 제한한다고?

길을 잃지 않게 해 주는 **가로수**

사람은**법**을**부**지런히지켜야 이모, 지금 뭐 하세요? 혹시 저랑 채팅할 수 있어요?

낯선**침**입자는**반**대 이모라고 부르는 걸 보니, 기현이니?

사법부 네, 저예요.

낯침반 어젯밤 네게 긴 이메일을 보내고 나니 엄청 피곤해서 조금 전까지 자고 이제 막 일어났어. 일요일 오후까지 늦잠을 자는 기분도 괜찮구나.

사법부 그럼 제가 방해를 했군요.

낯침반 아냐, 넌 항상 예외야. 근데 사법부란 네 대화명을 보니 정의에 대한 토론의 연장이구나.

사법부 토론의 연장이 아니라 질문이 있어요.

낯침반 뭐든지 환영. 잠깐, 그렇다면 나도 대화명을 바꿀래.

사법부 어떻게요?

입으로만**법**을**부**르짖지마 입법부야. 법은 입으로 말하기 위해서가 아니라, 행동으로 지키기 위해 만든 것이란 뜻이지.

사법부 그것이 정의에 맞을 때만요.

입법부 역시 꼬마 철학자답구나.

살아가는 데 필요한 최소한의 돈은 받아야 한다

사법부 오늘 아침 정의에 관한 이모의 긴 메일, 잘 읽었어요. 이모 메일은 길면 길수록 더 많은 생각을 하게 만들어요.

입법부 고맙구나. 짧은 글로 길게 생각할 수 있게 해야 좋은데 말이지. 너무 깊이 생각하게 만들었다면 귀찮을 수도 있을 텐데, 네가 이모를 좋게 봐 주는구나.

사법부 저는 지금까지 정의가 선과 악이 싸워서 누가 이기느냐에 따라 결정되는 줄 알고 있었어요. 선이 이기면 정의, 어쩌다 악이 이기면 불의가 되는 것으로요. 그게 아니란 걸 깨달았어요. 옳고 그름은 우리가 생활하는 주변의 모든 곳에서 찾아볼 수 있다는 사실도요.

입법부 사람의 마음이 평화로워지고 행복한 느낌을 갖는 일도 정의라고 할 수 있다고 했잖아.

사법부 세상에 가난한 사람이 너무 많다는 사실은 정의와 거리가 먼 얘기잖아요.

입법부 부를 가능한 고르게 나누는 일은 아주 중요하단다. 경쟁에만 너무 신경 쓰다 보면 분배하는 데 소홀할 수 있어. 옛날이야기를 들어 보면 이해하는 데 도움이 될 때가 많단다.

사법부 어떤 이야기요? 하나만 해 주세요.

입법부 성경에 이런 이야기가 있어. 어느 날 포도밭 주인이 일꾼을 고용하기 위해 아침 일찍 길을 떠났어. 얼마 가지 않아 몇 사람을 만나 하루에 1데나리온을 품삯으로 주기로 하고 농장으로 보냈어. 두어 시간 뒤에 또 다른 사람을 만나 농장으로 보내면서 일당은 알아서 주겠다고 했어. 점심시간이 지나서 길을 가는데 역시 일자리를 구하는 사람들을 만났고, 마찬가지로 농장으로 가서 일을 하라고 했어. 거의 저녁 무렵이 되어서도 포도밭 주인은 빈둥거리는 몇 사람을 만났어. 당신들은 왜 놀고 있느냐고 물었더니, 일하고 싶어도 일자리가 없어 놀고 있다는 거야. 농장 일을 마칠 시간이 얼마 남지 않았지만, 포도밭 주인은 그 사람들도 농장으로 보냈어. 그날 일이 모두 끝났어. 포도밭 관리인은 주인의 지시에 따라 임금을 나누어 주기 시작했는데, 제일 나중에 온 사람부터 제일 먼저 온 사람까지 모두 1데나리온씩을 받은 거야. 아침부터 일한 사람들이 불공평하다며 불만을 터뜨렸지.

사법부 메신저에서 대화하면서 이렇게 긴 얘기를 듣는 건 처음이에요. 끼어들 틈이 없어요.

입법부 하나의 이야기는 항상 어느 정도 길이가 있게 마련이야. 우리는 우리 식대로 대화를 하면 되지. 이 틈에 한번 끼어들어 보렴.

사법부 제가 생각해도 이른 아침부터 일한 사람들은 억울하겠는걸요? 가장 늦게 일을 시작한 사람은 겨우 한두 시간밖에 일하

아침부터 일하든, 저녁부터 일하든
똑같이 1데나리온을 받는다고요?
헉!
말도 안돼!
이만큼은 받아야 우리 가족이 안 굶는다고~
그것이 최저 생계비니라~
싫음말구~
윽

지 않았을 텐데 품삯은 똑같이 받았잖아요.

입법부 그때 주인이 나타나서 일찍 온 일꾼들에게 이렇게 말했어. "나는 당신에게 결코 부당하게 대우한 것이 아니다. 처음부터 1데나리온을 주기로 했기 때문이다. 그러니 당신은 당신 몫만 받아 가면 된다. 나중에 온 사람에게도 당신에게 준 것과 똑같이 주는 것은 내 뜻이다."

사법부 마지막 구절은 마치 예수의 말씀 같은데요?

입법부 그렇단다. 마태복음에 나오는 이 이야기는 예수의 뜻을 담고 있는 우화란다. 나중에 온 사람이나 먼저 온 사람이나 똑같이 대한다는 의미는 무엇일까. 일한 사람 모두에게 일한 시간에 관계없이, 살아가는 데 필요한 만큼의 대가를 똑같이 나누어 주어야 한다는 거지. 1데나리온은 사람이 하루를 살아가는 데 필요한 최소한의 돈이나 재물을 의미한다고 생각해 봐. 일자리를 구하지 못해 일을 늦게 시작했다는 이유로 1데나리온의 절반에도 못 미치는 돈을 받는다면, 그 사람의 가족은 그 하루를 굶어야 하는 거야.

사법부 성경에 그런 이야기가 다 있어요?

  기독교인들은 일찍부터 신앙을 가진 사람이나 늦게 신앙을 가지게 된 사람이나 차별 없이 모두 천당으로 갈 수 있다는 의미로 이해하지. 하지만 이 이야기는 얼마든지 다르게 해석될 수 있어.

  만약 모든 일꾼들이 하루에 최소한 1데나리온 이상을 벌게 된다면, 그 이상의 임금은 각자 일한 양에 따라 지급할 수 있겠네요.

  그렇지. 그땐 어느 정도 자유로운 경쟁이 가능하겠지. 덧붙여 얘기하자면 살아가는 데 필요한 최소한의 돈은 일하고 싶어도 할 수 없는 사람에게까지 지급되어야 옳단다. 모는 사람들이 굶주리지 않고 살아갈 수 있게 되면, 그 다음에는 자유롭게 경쟁할 수 있도록 하는 것이 정의에 더 가깝겠지.

  정의에 대해 한결 이해하기 쉬워졌어요. 사실 이모한테 대화를 요청한 건 다른 질문이 있었기 때문이에요.

  그래? 뭔데?

자유·평등·정의 ··· 자유가 제일 앞에 있는 이유

사법부 이모의 메일을 읽으면서 지난번에 대법원 견학 갔던 게 생각이 났어요. 이모는 서초동에 있는 대법원에 자주 가세요?

입법부 자주는 아니지만 몇 번 간 적이 있지. 앞으로도 갈 일들이 있을 테고.

사법부 그럼 법원 건물 정면 벽에 뭐라고 씌어져 있는지 기억하시나요?

입법부 자유, 평등, 정의 말이니?

사법부 바로 그거예요. 역시 아시는군요. 제가 궁금했던 건, 왜 대법원 건물 벽에 그렇게 써 놓았느냐는 거죠. 정의는 법의 목적이니까 그렇다 해도, 왜 자유가 제일 앞에 있는 거죠? 또 평등하면 정의가 실현되는 것 아닌가요?

입법부 우선 쉬운 것부터 얘기해 보자. 평등한 것은 정의를 의미하지. 평등에 관해서는 어제 메일에서 조금 이야기했었지. 평등은 적어도 능력을 발휘할 수 있는 기회는 똑같이 주어져야 한다는 의미와 불합리한 차별을 해서는 안 된다는 의미를 담고 있지. 특히 이런 말은 기억할 필요가 있어. "모든 국민은 법 앞에 평등하다."

 그래서 대법원 앞에 평등을 새겨 놓았군요. 어디에선가 자유, 정의, 진리라고 써 놓은 것도 봤어요.

 진리도 정의와 관계가 없는 건 아니지. 무엇이 진리인가를 아는 것만 해도 정의의 한 부분은 실현된 것이나 다름없을 거란 다. 혹시 붓다의 어릴 때 이름을 아니?

 싯다르티요, 고다마 싯다르타.

 넌 정말 모르는 게 없구나. 퀴즈 대회에 나가면 틀림없이 1등하겠는데.

 왕자 시절의 싯다르타보단 못할걸요.

 그렇지 않을 거다. 카필라 왕국의 왕자로 태어난 싯다르타는 성 안에만 갇혀 살아 바깥세상에 관해서는 거의 알지 못했어. 물론 전혀 몰랐다는 건 과장일 테고, 불교의 중요한 상징과 비유를 담은 설화라고 이해해야 하겠지. 어쨌든 싯다르타는 한 번씩 성문 밖을 나갈 때마다 충격적인 사실을 알게 된 거야. 알게 됐다기보다 중요한 의문을 품게 되었지.

 충격을 받았다고요? 중요한 의문이라는 건 뭐죠?

 사람은 왜 태어날까? 사람은 태어나면 왜 늙어 갈까? 늙는 것까진 좋은데, 왜 항상 건강하지 못하고 병에 시달릴까? 그러다가 왜 죽고 마는 것일까? 게다가 왜 다시 태어나야만 할까? 이런 의문들이 그에게는 충격이었어. 나중에는 어떻게 하면 이런 문제에 대한 해답을 찾을 수 있을까를 고민하게 되었지.

 그런 의문 때문에 왕궁을 떠나 산으로 들어간 거죠? 할머니께 들은 기억이 나요.

 싯다르타가 가졌던 의문은 진리에 대한 갈망이었고, 붓다가 된 뒤에 얻게 된 깨달음이 바로 진리였어. 그 진리를 모든 사람들에게 알리면 정의로운 사회가 된다고 믿었던 거야. 훗날 붓다가 설법으로 전파한 구체적인 내용들은 모두 진리나 정의와 관계가 있단다.

 그런데 자유는 왜 항상 빠지지 않죠? 그것도 맨 앞에 있어요. 제 생각엔 평등이나 진리와 마찬가지로, 자유도 정의와 밀접한 관계가 있을 것 같아요. 자유로우면 정의가 실현된 것이라 할 수 있고, 정의가 실현된다면 누구나 자유로운 것 아닌가요?

 그렇지. 자유는 정의의 한 부분이기도 하고, 평등이나 정의의 배경이 되기도 해. 그래서 자유를 항상 맨 앞에 쓰는지도 모르지.

 자유가 정의의 조건이나 배경이란 건 어떤 의미인가요? 자유가 없으면 정의가 없다?

 똑같은 말의 반복이지만 자유가 있어야 정의가 있다는 말이지. 대법원 앞에 새겨 놓은 자유, 평등, 정의도 이렇게 생각할 수 있잖아. 우선 모든 사람에게 자유가 주어져야 돼. 협력을 하든 경쟁을 하든 개개인이 자유로워야 가능하지. 모든 사람들이 차별을 받지 않고 자유롭게 출발하면 그게 바로 평등이지. 자유롭게 출발한 사람들 사이에 차이가 생기게 되면, 경쟁에서 너무 뒤처진 사람들을 도와주는 거야. 경쟁에서 뒤진 사람이 생기더라도 그것을 바로 불평등이라고 하지는 않는단다. 하지만 경쟁에서 밀린 사람들을 내팽개쳐 두면 그건 불공정하다고 할 수밖에 없지. 어느 선까지 뒤진 사람들을 도와주는 게 참된 정의라고 말할 수 있는 거지.

모두가 마음대로 하는 것이 가능한가

사법부 그 정도면 자유와 평등과 정의의 순서에 대해서는 꽤 말끔하게 이해됐어요. 그런데 더 궁금한 게 생겼어요. 도대체 자유가 뭐죠?

입법부 그래, 자유가 뭔지 아는 게 훨씬 더 중요할 수 있어. 기현이 네가 생각할 때 자유란 어떤 거지?

사법부 자기 하고 싶은 대로 하는 게 자유 아닌가요? 뭔가를 할 때 누구한테도 간섭이나 방해를 받지 않는 거죠.

입법부 아주 잘 말했다. 너는 마치 국어사전을 외우고 있는 것 같구나. 네가 보기엔 사람들이 자기 하고 싶은 대로 하면서 사는 것 같니?

사법부 글쎄요. 그건 생각하기에 따라 다르지 않나요? 사람들은

누구나 하고 싶은 대로 하면서 살고자 하는 건 분명해요. 저도
그러니까요. 그래서 하고 싶은 대로 할 수 있을 때 행복하다고
생각하겠지만, 항상 그런 것 같지는 않아요.

입법부 왜 그런 것 같지 않다는 거지?

사법부 모든 사람들이 자기 하고 싶은 대로 할 수 있다면, 왜 하
고 싶은 대로 하면서 살기를 바라겠어요. 그렇게 안 되니까 하고
싶어 하는 게 아닐까요?

입법부 어쩜 너는 그렇게 대답을 잘 하니? 모범 답안을 외워 둔
것처럼. 사람들이 생각하는 완전한 자유는 이 세상에 없을지도
몰라. 네가 방금 말한 데 자유의 진짜 모습과 자유의 비밀이 숨
겨져 있는 느낌이 드는데? 이렇게 해 보자. 우선 국어사전에서
자유를 찾아 봐. 종이로 된 사전이든, 인터넷 사전이든.

사법부 잠깐만요, 지금 제 책상 위에 있는 사전을 펼치고 있어요.
예, 찾았어요.

입법부 그 사전엔 자유를 어떻게 설명하고 있지? 네가 말한 식의
설명이 있고, 다음에 또 다른 설명이 있지?

사법부 맞아요, 두 가지가 있어요. 첫 번째는 '남에게 얽매이거나 구속받지 않고 자기 마음대로 행동하는 일'이에요. 그리고 두 번째는 '법이 정한 범위 안에서 자기 뜻대로 할 수 있는 행위'라고 했어요.

입법부 낱말의 뜻풀이는 사전마다 조금씩 다를 수도 있고, 우리가 살펴보고 있는 자유 같은 중요한 단어의 의미를 캐는 데 전적으로 국어사전만을 믿을 수는 없어. 그렇지만 자유의 의미를 두 개로 나누고 있다는 게 흥미롭지 않니?

사법부 첫 번째 풀이는 누구나 알고 있는 건데, 두 번째 풀이는 예상 밖이에요. 전혀 이해가 안 되는 건 아니지만요.

입법부 왜 사전에서 자유의 의미를 둘로 나누어 풀이하고 있을까? 이것만 따져 보아도 자유에 대해서 꽤 깊이 알게 될 거야.

사법부 두 가지뿐이어서 다행이에요.

입법부 사전에 나와 있는 두 개의 자유 중에서 너는 어느 게 더 마음에 드니?

사법부 당연히 첫 번째 것이죠.

입법부 그럼 그것부터 생각해 보자. 너도 그런 자유를 누리고 싶은 거지?

사법부 그럼요.

입법부 네가 그렇다면 다른 사람들은 어떨까?

사법부 워낙 독특한 사람들이 많긴 하지만, 거의 대부분의 사람들이 비슷하다고 봐야 하지 않을까요?

입법부 그럼 사람들은 자기의 이익을 먼저 생각할까, 자기가 아닌 이웃의 사정을 먼저 생각할까?

사법부 자기의 이익을 먼저 생각하는 게 사람 아닌가요? 간혹 다른 사람을 위해 사는 사람도 있는 것 같긴 하지만.

입법부 내 생각도 그래. 그럼 이 수많은 사람들이 자기 마음대로 하면서 살아갈 수 있을까?

사법부 당연히 그건 힘들겠죠. 전에 이모가 메일에 쓰셨듯이 공원 산책길에서 배드민턴 치고 싶은 사람과 조깅하고 싶은 사람이 부딪쳤을 때, 깊은 밤중에 조용히 생각에 잠기고 싶은 사람과 시끄러운 음악을 듣고 싶은 사람이 벽 하나를 사이에 두고 이웃이 되어 살고 있는 경우만 생각해도 그렇잖아요.

누구나 자기 마음대로 할 수 있는 도시

입법부 정해진 땅에 100명 혹은 1000명의 사람들이 모여서 살고 있다고 가정해 보자. 거기 사는 모든 사람에게 완전한 자유가 주어지는 거지. 누구는 자기가 하고 싶은 대로 할 수 있는 거야.

사법부 그런데도 아무 문제없이 지낼 수 있단 말인가요?

입법부 아니! 그럴 줄 알았는데 바로 골치 아픈 일들이 생기기 시작하는 거야. 맛있는 음식을 서로 먹으려 하고, 좋은 집을 먼저 차지하려 하고, 어렵고 힘든 일은 피하고 편하게만 지내려고 하는데 문제가 생기지 않을 수 없겠지.

사법부 아무것도 정해진 것 없이, 모든 것을 자기 마음대로 할 수 있는 도시란 말이죠?

입법부 그야말로 자기 마음대로 할 수 있는 도시, 그래 맞아. 그런 도시에서 맛있는 음식이나 값비싼 물건을 서로 갖겠다는 다툼이 생기면 어떻게 할까?

사법부 서로 의논해서 사이좋게 나누든지, 누가 나서서 해결해 줘야겠죠.

입법부 물론 그럴 수도 있을 거야. 하지만 많은 사람들이 무엇보다도 자기의 이익을 최우선으로 생각한다면, 싸워서 이긴 사람이 자기가 원하는 몫을 차지하겠지. 가장 힘이 센 사람이 우두머리가 되고, 힘이 약한 사람은 강한 사람의 명령을 따르는 수밖에 없을 거야.

사법부 모든 게 그런 식으로 해결된다면 그건 사람이 사는 도시라 할 수 없다고 봐요. 마치 동물들의 세계나 원시 시대 부락 같아요.

입법부 동물의 세계는 우리가 정확히 모르니 함부로 말할 수는 없단다. 원시 사회도 비슷한 면은 있지만, 지난 시대의 인간이라고 반드시 야만적 생활을 했다고 단정할 수는 없어. 지금 내가 말하는 '누구나 자기 마음대로 할 수 있는 도시'는 머릿속에서 만들어 낸 가상의 공간이야.

사법부 그럼 제 머릿속의 그림도 다시 그릴게요.

입법부 '누구나 자기 마음대로 할 수 있는 도시'에서는 결국 거의 모든 일들이 싸움으로 해결될 수밖에 없어. 자신이 원하는 것을 얻기 위해선 상대방의 목숨까지도 함부로 빼앗으려 할지 몰라. 그러니 모든 게 엉망진창이겠지. 그런 도시에서 자유를 마음대로 누릴 수 있겠니? 당연한 자기 몫의 권리를 행사할 수 있을까?

사법부 힘이 센 사람만이 충분히 자유를 누릴 수 있겠지요.

입법부 힘이 강한 순서대로 많은 양의 자유를 누리게 되겠지. 하지만 그런 도시에서 누리는 자유는 불안하기 짝이 없을 거야. 사람이 가지고 있는 힘은 바뀌기 마련이고, 어디서부터 어디까지가 개인이 가질 수 있는 자유이고 권리인지 전혀 예측할 수 없을 테니까. 그때그때 상황에 따라 달라질 수밖에 없겠지. 당연히 힘이 가장 강한 사람도 마냥 행복할 순 없을 거야. 언제 다른 사람에게 자신의 지위를 빼앗길지 몰라 불안 속에서 의심의 눈초리

누구나 마음대로 도시
뭐든지
내 맘대로다!
힘세고 돈 많은 사람만
자기 마음대로잖아!
뭐야!
휴…

모두가 조금씩 자유와 권리를
포기하는 도시
지금 당신의 자유를 투자하세요
자유와 권리 은행
여기요!
자유 좀 맡겼더니
권리를 분양해 주네.
알아서 맡기면
살기 훨씬 편하다니깐요!

를 빳빳이 세우고 살아야 할 테니까 말이야.

사법부 가만히 생각해 보니 그렇군요. '누구나 자기 마음대로 할 수 있는 도시'에선 결국 아무도 자기 마음대로 할 수 없다는 말이잖아요!

입법부 아주 재미있는 사실이지. 현명한 인간들은 그런 상태의 도시에선 불안하기만 하고 아무런 자유도 누릴 수 없다는 걸 알게 되는 거야. 그래서 그 도시의 사람들은 스스로의 자유와 권리를 조금씩 포기하기 시작했어. 포기한다는 말이 마음에 들지 않으면 잠시 맡겨 둔다고 해도 돼.

사법부 어디다 맡긴단 말인가요?

입법부 모든 사람들이 조금씩 포기한 자유와 권리를 도시에 맡기는 거야. 강력한 힘을 가지게 된 도시는 그 힘으로 시민들의 자유와 권리를 지키기 위해 노력하는 거지.

사법부 도시가 어떻게 노력한다는 거죠? 혹시 그 노력의 방법이 법인가요?

입법부 도시는 도시의 사람들을 위한 법을 만들 수 있지. 그러면 앞서 말한 대로 질서가 잡히기 시작할 테고, 전쟁 상태의 도시는 평화 상태로 바뀌는 거야. 도시를 국가로 바꾸어서 생각한다면 지금의 우리 모습이 떠오르게 될 거야.

사법부 그러니까 사람들이 자유를 조금씩 포기함으로써 오히려 자유를 얻게 되었다는 말이군요. 좀 신기하기도 해요. 마술 같기도 하고, 말장난 같기도 하고.

자유를 포기함으로써 자유를 얻는다

입법부 도시나 국가의 사람들이 자신들의 자유와 권리를 조금씩 양보해서 국가에 맡긴 것을 사회 계약이라고 말하기도 해.

사법부 모든 사람이 다 계약을 해요? 태어날 때 하는 건가요?

입법부 실제로 계약을 체결하는 게 아니라, 그렇다고 생각하는 거란다. 그런 인간들의 생각을 사상이라고도 하지. 그러면 국가의 권력이 이해가 되고, 국가가 실제 권력을 행사하는 게 정당하다고 인정할 수 있게 되는 거야. 국가와 개인에 대해서는 나중에 얘기하는 게 좋겠다.

사법부 머릿속으로 생각하는 거라면 사회 계약의 계약서도 없겠네요? 한번 읽어 보고 싶은데.

입법부 그 계약서도 우리의 마음속에만 존재하는 거지. 이제 다시 국어사전으로 돌아가 보자. 첫 번째 풀이와 두 번째 풀이, 둘 다 이해가 되지?

사법부 자기 마음대로 할 수 있는 게 자유라는 건 누구나 알고 있지만, 막상 따져 보면 그런 자유는 다른 사람들과 관계에서는 불가능한 것이군요. 자신의 자유를 조금씩 포기해서 국가를 세우고, 국가가 만든 법에 따라 자유를 행사할 수 있는 거죠.

입법부 네가 산뜻하게 정리해 주는구나. 법은 사람들에게 "이렇게 해서는 안 돼"라는 요구를 많이 해. 언뜻 보면 법은 사람들의 자유를 제한하는 것만 같지. 하지만 법은 사람들의 자유를 조금씩 제한하면서 사람들이 안정되게 자유를 누릴 수 있게 한단다. 마치 길가의 가로수가 나그네의 발걸음을 방해하기 위해 있는 게 아니라, 길을 잃지 않도록 도와주기 위해 서 있는 것처럼 말이야. 어쩌면 법은 그런 가로수와 같은 것일지도 몰라.

사법부 이모. 제가 아는 동시를 하나 알려 드릴게요. 신현림 시인이 쓴 〈나비〉라는 시예요. 한번 감상해 보세요.

나풀나풀 날아온
나비를 잡고 싶었다

나만큼 작은
나비가 불쌍해서
너풀너풀 날아갈 때까지
그냥 바라만 봤다

입법부 좋은 시구나. 너는 분명 우리가 나누던 자유와 관련된 이야기를 하려는 거지?

사법부 이제 무작정 자기 마음대로 하는 게 자유가 아니란 걸 깨달았어요. 법이 허용하는 범위 안에서 자기 마음대로 할 수 있는 게 자유란 사실을 알겠어요. 나비를 함부로 잡지 못하는 마음도, 나비를 잡지 말라는 법은 없지만 나비를 생각해 스스로 욕심을 억눌렀으니 그것도 자유의 모습이라고 생각해요.

입법부 마치 강의하는 것처럼 멋진 설명이구나. 다만 동시의 표현

중에 "나비가 불쌍해서"란 표현이 약간 마음에 걸린다. 나비의 자유를 진정으로 생각한다면 나비가 불쌍해서가 아니라 "나비에게 미안해서"라고 하는 편이 낫겠지. 어쨌든 이 시에선 주인공이 나비를 잡고 싶은 욕심을 참았기 때문에 주인공과 나비 모두 자유를 누리게 된 거야.

사법부 시의 주인공은 나비 잡는 걸 포기했으니 완벽한 자유를 누렸다고 할 수 없는 게 아닌가요? 자기 하고 싶은 대로 못 했잖아요.

입법부 주인공과 나비 모두를 보면 평화 상태를 이루었으니 그 이상의 자유가 어디 있겠니. 그런데 자유에 대해선 정작 생각해 봐야 할 중요한 부분이 있단다.

사법부 아직 중요한 게 남았나요?

입법부 벌써 시간이 한참 흘렀구나. 이것만 얘기하고 끝내기로 하자. 휴일의 한나절을 컴퓨터에 바칠 수는 없으니까.

사법부 그래요. 그 중요하단 걸 빨리 말씀해 주세요.

자기 마음대로 한다는 것의 의미

입법부 자기 마음대로 한다는 게 무언지 생각해 봐야 해. 간단한 것 같지만 그것도 쉬운 게 아냐.

사법부 국어사전에 나오는 자유의 첫 번째 풀이는 별로 어려운 뜻인 것 같진 않던데요. 누구든 자기가 하고 싶은 그대로 행동한다는 의미 아닌가요?

입법부 내가 어느 날 아침에 일어나 '오늘은 책 한 권을 꼭 읽겠다'라고 계획을 세웠다고 가정해 보자. 내가 고른 책은 독일의 철학자 임마누엘 칸트의 《실천 이성 비판》이었어. 계획을 세운 것도, 계획을 행하는 것도 나의 자유야. 나는 자유롭게 책을 읽기 시작했어. 그런데 조금 지나니까 친구가 전화를 해서 영화 보러 가자는 거야. 잠깐 망설이다 영화가 재미있을 것 같아 극장으로 달려갔어. 오후에 집에 와서 다시 책을 읽기 시작했는데, 나갔다 와서 피곤했던지 졸렸어. 책상에 엎드려 낮잠을 잤지. 깨어난 뒤 책을 읽으려는데 프로 야구 중계가 시작됐어. 내가 좋아하는 팀을 응원하려고 텔레비전 앞에 앉았지. 저녁을 먹고는 또 책장을 조금 넘겼어. 책 내용이 어렵고 지루해 짜증이 났어. 집 부근 공원에 가서 산책을 했고, 돌아와서는 일찍 잠자리에 들었어. 그러다 보니 책의 머리말도 채 읽지 못한 거지. 이런 경우에 내가 충분히 자유를 누렸다고 할 수 있을까?

 이모는 자유를 충분히 누리신 것 같은데요? 아무 간섭도 받지 않고 하고 싶은 대로 했으니까요.

 좋아. 그럼 이번엔 이런 상황을 떠올려 보자. 아침에 일어나 칸트의 《실천 이성 비판》을 읽기 시작했어. 친구가 영화 보러 가자고 전화했지만 그 유혹을 뿌리치고 계속 독서를 했어. 졸려도 꾹 참았어. 이모부가 프로 야구 중계를 한다고 떠들어 댔지만 텔레비전 소리가 들리지 않는 작은 방으로 가서 계속 책을 읽었어. 책의 내용이 어려워서 머리가 아팠지만 밑줄을 그어 가며 천천히 읽었어. 이모부가 산책을 가자고 했을 때도 혼자 가라고 등을 떠밀었어. 일찍 자고 싶었지만 눈을 부릅뜨고 책장을 넘겼어. 드디어 자정이 조금 넘어서 그 두꺼운 책 한 권을 다 읽게 되었고, 만족스러운 기분으로 침대에 누웠어. 이건 어때?

 이런저런 유혹이나 하고 싶은 걸 모두 참았다는 말씀이시군요. 그럼 자기 하고 싶은 대로 하지 못했으니 자유롭게 하루를 보낸 것이라고 할 수 없나? 뭔가 이상해요. 그렇다고 누가 억지로 책을 읽게 한 건 아니잖아요.

입법부 유혹을 물리치고 처음 세운 계획대로 계속 책을 읽은 것도 결국 내가 자유롭게 선택한 것이지. 내가 싫은 걸 억지로 했다고 할 수도 없고.

사법부 그렇다면 그 경우에도 똑같이 자유를 누린 거군요. 그런데 첫 번째 경우와 두 번째 경우가 완전히 다른 것처럼 느껴지는 건 왜일까요?

입법부 순간순간 자신의 욕구에 따라 마음대로 행동하는 게 진정한 자유인가, 자기가 결정하고 선택한 목표를 향해 나아가면서 그것에 방해가 되는 유혹이나 장애물을 물리치는 게 진짜 자유인가. 이렇게 따지고 보니 자유란 것도 쉽지 않다는 걸 알겠지?

사법부 정말 그렇네요. 제가 요즘 가장 자주 깨닫는 건 세상에는 간단하고 쉬운 문제가 없다는 사실이에요.

입법부 사람은 자기가 속해 있는 국가와 사회의 규칙이 정하는 범위 안에서 마음껏 자유를 누릴 수 있단다. 규칙에는 법도 있고 도덕도 포함돼 있어. 사람은 자기 혼자서는 더 자유롭게 행동할 수 있지. 다른 사람에게 방해가 되지만 않는다면 그야말로 자기 마음대로 할 수 있으니까. 하지만 그때도 사람은 자기 자신이 스스로 만든 어떤 규칙을 따르고 싶어 한단다. 스스로 세운 목표나 각오 같은 것도 자기만의 규칙이라고 할 수 있지. 그렇다면 혼자만의 행동이라 하더라도 자신의 규율에 맞추어 나가는 것이 진짜 자유라고 말할 수도 있겠지. 어떤 자유를 선택하고 어떻게 자유를 누릴 것인가도 자기에게 맡겨진 자유란다.

사법부 이모 덕분에 자유로운 인간이 된다는 게 쉽지 않다는 사실을 깨달았어요.

입법부 날개만 단다고 항상 자유롭게 하늘을 날 수 있는 건 아냐. 날개라고 모두 같은 것도 아니고. 잘 선택한 날개만이 내가 원하는 공간으로 나를 데려다 준단다.

사법부 자신의 날개를 만드는 일은 진정한 자유를 누리기 위한 준비로군요.

입법부 이제 우리는 너와 나의 자유로운 결정에 따라 메신저의 창을 닫도록 하자. 안녕.

사법부 자유로운 기분으로, 안녕.

5

함께 살기 위해서 필요한 것은?

모두가 지켜야 할, 누구나 지키리라고 믿는 **약속**

마음이 뿌듯할 때가 있다. 무엇이라고 정확히 표현할 수 없지만, 아주 만족스럽고 보람찬 기분이 드는 것이다. 어떨 때는 그런 느낌이 벅차오르는 감정으로 바뀌면서 가슴이 약간 아릿해지기도 한다. 기현이의 경험으로는 아주 맛있는 음식을 충분히 먹었을 때, 많은 사람들 앞에서 칭찬을 들었을 때, 그리고 올림픽 경기에서 한국 선수가 세계 신기록을 세우며 금메달을 땄을 때가 그랬다.

그런데 최근 들어 기현이에게 우리나라 신수가 삼농적인 승리를 거두거나, 기현이 자신이 그런 자랑스러운 일을 해내거나, 정말 맛있다고 생각되는 과자나 음식을 배불리 먹은 것도 아닌데도 마음이 넉넉하고 기분이 좋아지는 순간이 생겼다. 그것도 잠깐이 아니라 며칠 동안 그 기분이 유지되었다. 최근 몇 주 동안 변호사인 이모와 이야기를 나누고, 만나서 못다 한 이야기를 메일을 통해 주고받으면서 그런 기분이 들기 시작한 것이다.

이모가 특별하다고 생각되는 점은 한두 가지 있다. 기현이에게 이러저러한 것을 요구하거나 욕심을 내는 법이 없다. 물론 기현이가 친딸이 아니라 조카라서 그럴지도 모르지만, 그래도 기현이에게 반드시 공부를 잘해야 한다든지, 어떤 행동을 해서는 안 된다든지 따지거나 훈계하지 않는다. 이모의 그런 태도가 기현이는 아주 편하고 좋다. 무엇보다 이모는 친절한 선생님이자 사이 좋은 친구다. 어떤 화제로 시작하더라도 여러 가지 예를 들어 가면서 기현이의 호기심을 충족시켜 주고, 새로운 호기심을 불러 일으킨다.

변호사는 원래 그런지 모르지만, 이모의 방에는 책이 어마어마하게 많다. 사무실과 집의 서재엔 책이 가득 쌓여 있어 발 디딜 틈조차 없다. 그게 수천 권쯤 될지 수만 권쯤 될지 짐작하기 어렵다. 이모에게 저 책들을 다 읽었냐고 물으면, 제목은 다 읽었다고 대답한다.

이모에게 단점이 있다면 방을 제대로 정리 정돈하지 않는 것이다. 책상 위는 물론 사무실이나 방바닥까지 책과 서류가 널려 있어서 마치 폭탄이라도 터진 것 같은 모양을 하고 있다. 가끔 이모는 전화를 받지 않을 때가 있다. 집이나 사무실에 있으면서도 받지 않는다. 그땐 이모가 일부러 전화를 받지 않는 게 아니라 받지 못하는 것이다. 그 난장판 속에서 핸드폰을 어디다 두었는지 찾지 못하기 때문이다.

어쨌든 이모는 책 더미에 파묻혀 살아 그런지, 기현이가 어떤 질문을 해도 항상 재미있게 대답해 준다. 재미있게 대답한다는 게 어떤 의미냐면, 질문에 대한 답을 단정적으로 말하지 않고 기현이와 함께 생각하며 이해하도록 만든다는 것이다.

중학생이 된 후에도 이모를 자주 만났지만, 몇 주 전부터 법에 관한 이야기를 하는 것이 기현이는 아주 즐거웠다. 누구하고도 질서와 정의 그리고 자유에 대하여 그렇게 진지하고도 흥미롭게 생각하고 대화한 적이 없었기 때문이다. 따지고 보면 그리 쉬운 이야기들이 아니었는데도, 이모와 의견을 나누는 사이에 자신도 꽤 많은 것을 알게 된 기분이 들었다.

기현이는 이렇게 즐거운 기분으로 이모를 만나러 갔다. 오늘은 피자 가게에서 만나 점심을 먹으며 새로운 주제에 대해 이야기하기로 했다. 피자 가게에 들어서기도 전에 벌써 기현이의 머릿속은 이런저런 생각으로 복잡했다. 국가를 대표해서 나선 축구 선수들이 치열하게 실력을 다투는 월드컵 경기를 본 탓인가 싶기도 했다. 인간은 도대체 무엇이며, 사회와 국가는 어떻게 만들어진 것일까? 인간은 국가 없이는 살 수 없을까? 인간보다 국가가 먼저일까, 국가보다 인간이 더 소중한 걸까?

"기현이 너는 이탈리아식 피자보다 미국식 피자를 더 좋아하는 거 아니니?"

"미국식하고 이탈리아식이 어떻게 다른데요?"

"간단히 설명하자면 미국식은 피자에 사용되는 빵이 두껍고, 이탈리아식은 빵이 아주 얇아. 거의 종잇장처럼."

“여긴 이탈리아식 피자를 파는 집인가 봐요. 이탈리아식 피자가 어떤 건지 먹어 보고 싶어요.”

“아주 고소하고 맛있을 거야.”

“이모, 사람들은 언제부터 피자를 먹기 시작했을까요?”

“그건 정말 어려운 질문인데? 인류 최초의 피자를 언제 누가 구웠는지는 아무도 모르겠지. 피자란 것도 그래. 피자의 기준을 어떻게 정하느냐에 따라 최초의 피자가 달라질 수 있을 거야. 밀가루 반죽으로 빈대떡처럼 불에 구운 것을 피자의 원조로 삼을 것인지, 밀가루로 구운 빵 위에 뭔가 씹을 만한 것들을 올려 만든 걸 최초의 피자로 여길지 아주 애매하거든.”

“뭐든 이모처럼 따지기 시작하면 끝이 없어요. 확실한 정답도 없고요. 그래도 인간이 빵을 언제부터 먹었는지 알아볼 수 있다면 최초의 피자도 대략 언제쯤 만들었는지 짐작할 수 있지 않을까요?”

“그건 그렇구나. 내가 알기론, 물론 책에서 읽은 거지만, 인간이 밀을 재배하기 시작한 게 기원전 7000년 경, 그러니까 지금으로부터 약 9000년 전이야. 곡물 중에 인간이 가장 먼저 재배하기 시작한 건 보리와 밀이라고 알려져 있어.”

“맨 처음 재배를 시작할 때 그 씨는 어떻게 구했을까요?”

“아마 야생종 밀이 있었을 거야. 들판의 풀숲에서 저절로 자란 야생 밀을 인간이 발견했겠지. 그 시기는 대략 1만 년 전쯤으로

추측하고 있어. 그러다가 그 낟알을 물에 잘 불려 심을 줄 알게
될 때까지 대략 1000년이 걸리지 않았을까 하는 거란다.”

“그럼 밀가루를 만들고, 그 밀가루로 반죽을 만들어 굽게 되
기까지는 또 엄청난 세월이 걸렸겠네요.”

“메소포타미아 유역에서 농경 생활이 시작된 뒤, 대략 기원전
4000년경에 밀가루 반죽으로 된 빵을 구워 먹었다고 알고 있어.
그 빵 이름을 갈레트라고 하는데, 지금도 기독교에서는 주현절
에 만들어 먹는 과자를 갈레트라고 해.”

“주현절이 뭐예요?”

“예수가 서른 번째 생일을 맞아 요한으로부터 세례 받은 일을
기념하는 날이야.”

“그럼 갈레트 같은 빵이 조금씩 다른 모습으로 바뀌면서 피자
가 탄생했군요.”

“그렇겠지. 어쨌든 지금 우리가 먹는 피자는 이탈리아에서 처
음 만든 것으로 돼 있어. 그게 미국으로 건너가 피자 파이라고
불리게 된 거야.”

“뭐든지 기원을 따지기 시작하면 확실하게 답이 나오지 않으
면서도 아주 재미있어요. 신기해요.”

“뭐든 분명한 것보다 모호한 데서 더 큰 매력을 느낄 수 있는
법이란다. 짙은 안개 속에 서 있다고 생각해 봐. 확실한 걸 볼 수
있다면 그것 한 가지만 보는 셈이잖아. 그런데 아무것도 제대로

볼 수 없는 불투명한 상태라면 여러 가지를 동시에 보는 것과 같을 수 있어, 자신의 상상력에 따라."

"얼마 전 세계사 수업 시간에 인간의 역사에 관한 이야기를 들었는데 아주 재미있었어요. 그것과 관련된 책도 찾아 읽었어요. 그때 떠오른 생각인데요, 우리 인간은 언제부터 질서나 권리 같은 걸 따지기 시작했을까요? 또 정의라는 것도 말예요."

"밀가루의 원조에서 결국 인간의 기원까지 거슬러 올라가는구나. 사실 인간과 밀 중에서 어느 쪽이 먼저 생겼는지는 정확히 알 수 없지만."

"최초의 법 같은 게 있을 거잖아요."

"너도 세계사 시간에 배우게 될걸? 인간의 가장 오래된 법이라 하면 제일 먼저 떠올리는 게 함무라비 법전이야. 3700년쯤 전에 바빌로니아에서 사용하던 법이지. 함무라비 왕 때 만든 그 법은 무려 282개의 조문으로 만들어진 꽤 완벽한 것이란다."

"아직 학교에서 배우진 않았지만, 책에서 읽은 기억이 있어요. 그런데 그것보다 더 오래된 법이 발견됐다고 하던데요?"

"맞아. 고고학자와 언어학자들이 수메르 인들의 쐐기 문자를 해독했는데, 둥기 법전이 함무라비 법전보다 1000년쯤 더 오래됐다고 확인했대. 둥기 법전과 함무라비 법전 사이에 리비트이슈탈 법전이란 것도 있어."

"그럼 둥기 법전이란 게 인류 최초의 법인가요?"

“반드시 그렇진 않겠지. 지금까지 발견한 법 중에서 우리가 알고 있는 과학적 방법에 따라 확인한 결과에 따르면 그렇다고 알아 두면 될 거야. 물론 둥기 법전보다 더 오래된 법이 있다는 주장도 있어.”

“아, 우리가 발견하지 못한 법이 있을 수 있겠네요. 그럼 인간이 태어나면서 법도 함께 생겼을까요?”

“정말 그렇게 생각하니?”

“아니, 잠깐만요. 언뜻 그런 생각이 들었는데, 그게 아닐 수도 있겠네요. 최초의 인간이 몇 명이나 태어났을까요? 한 명, 아니면 서너 명? 어쨌든 처음엔 법이 필요하지 않았을 수가 있잖아요.”

“인간이 지구 위에 생겨난 뒤 뭔가 규칙이 필요한 순간에 법을 만들었다고 하는 게 옳겠지.”

“다른 문제도 있어요! 글자가 있어야 법을 만들 수 있잖아요. 사람이 많이 모여 살면서 법이 필요하기도 하겠지만, 글자를 만들어 사용한 다음에야 법을 만들 수 있지 않았을까요?”

“훌륭한 추리구나. 고고학이나 과학에도 그런 기본적인 추리와 상상이 절대적으로 필요하지. 하지만 법이라고 꼭 문자로 씌어져 있어야 할 필요가 있을까?”

“도덕이나 관습 같은 걸 말씀하시는 건가요?”

“어쨌든 문자가 만들어진 다음에 법이 필요해졌다면 법을 글자로 옮겨 적었을 거야. 하지만 문자를 아직 만들지 못한 상태에서 법의 필요성을 느꼈다면, 어떤 형태로든 규칙을 만들어 지키게 했겠지. 네가 말한 도덕이나 관습도 마찬가지고. 아마도 종족이나 무리의 왕이나 우두머리가 내린 명령이 법이 되었을 거야. 요즘 용어로 하면 불문법이 되겠지."

"이모와 얘길 나누다 보니 또 점점 흥미로운 세계로 빠져들게 돼요. 인류의 탄생부터 짚어 보면서 법이란 게 언제쯤 필요하게 되었는지 추리해 보면 어때요?"

"법의 탄생에 관한 이야기를 인류의 역사와 과학 이야기로 시작한다는 것 자체가 참 근사한 일이지. 인간들이 살아온 이야기를 하다 보면, 어느 순간 사회와 국가가 나타나는 지점이 있을 거야. 법을 이해한다는 건 개인과 사회, 또는 개인과 국가의 관계를 이해하는 것이나 다름없거든. 왜 그럴까?"

"국가가 있어야 법이 필요할 테니까요."

"그래, 혼자 있거나 몇 사람만 모여 살면 법이 필요 없겠지."

"인간은 정확히 언제쯤 생겼을까요?"

"그걸 아는 사람이 있을까?"

"그렇다면 인간이 살고 있는 지구는요?"

"지구의 나이는 대략 45억 년에서 50억 년 사이로 알려져 있어. 물론 지금 알고 있기에 그렇다는 거지."

"그럼 최초의 인간은 살아 있더라도 45억 살이 넘진 않겠네요. 지구가 생기고 인간이 탄생했을 테니까요."

“인간의 사회가 이루어지고 법이 생겼을 거라고 추리하는 것
과 같지. 지구가 생긴 뒤에 어떤 종류든 생명체가 탄생하기까지
는 그만큼 긴 준비 기간이 필요했을 거야.”

“어떤 준비 말인가요?”

“우주 어디에선가 큰 폭발이 일어나 가스 같은 것들이 뭉쳐져
지구가 됐다고 생각해 봐. 그 가스들이 정리가 되면서 층이 생기
고, 그 사이에 대기권이란 게 만들어졌을 거야. 그러면서 엄청난
비가 내려 땅이 굳기도 전에 바다부터 생겼을지 몰라. 지구에 담
겨 있는 물이 한꺼번에 만들어졌다고 가정하면, 아마 가스들이
뒤엉키면서 생긴 최초의 비는 수백 년 동안 계속 쏟아졌을 거야.”

“그땐 우산도 없었을 텐데요.”

“우산을 필요로 하는 생물이 나타나기 전이니 걱정하지 않아
도 된단다.”

“최초의 생물은 어떤 것이었을까요? 사람보다 먼저 생겨난 생
물들이 많겠지요?”

“박테리아 같은 미생물은 어떤 악조건에서도 살아남는단다.
그러니까 최초의 생물은 예상보다 빨리 생겼을지도 몰라. 과학
자들은 물속에서 단백질이 합성되면서 생명체가 탄생했을 거라
고 추측하지. 아주 작은 것부터 사람보다 더 큰 동물까지 서서히,
혹은 순식간에 지구에 출현하기 시작했겠지.”

“그게 언제쯤이었을까요?”

“거의 40억 년 전부터 식물과 동물의 생명체가 생겼을 거라는 주장도 있어.”

“최초의 인간은 그보다 한참 뒤에 생겼나요?”

“아마도 까마득한 세월을 기다려서 인간이 나타났을 거야. 우리가 몇 억 년이니 몇 백만 년이니 말할 수는 있지만, 그건 실제로 경험할 수도 느낄 수도 없는 엄청난 시간이잖아. 어떤 면에서 인간은 오랫동안 잘 기다린 거야. 지구는 그 사이에도 여러 차례 놀라운 변화를 겪었거든.”

“빙하기 같은 걸 말씀 하시는 거죠?”

“맞아. 지구가 꽁꽁 얼어붙었다가 다시 풀렸다가를 몇 차례 반복했어. 그 사이에 초원과 숲이 무성해져 산소도 충분히 늘어났겠지. 인간은 자신이 살기에 적합한 환경이 만들어질 때까지 그 기나긴 시간을 잘 견딘 거야. 성급하게 나타나지 않고 말이야.”

“조물주가 반짝이는 요술 지팡이로 한 번 휘두르면 땅이, 또 한 번 내저으면 바다가, 그리고 나무와 동물과 사람이 생긴 건 아닐 테죠.”

“그런 마술 지팡이가 있었다고 해도 상관없어. 하지만 그 조물주의 시간은 우리의 시간과는 너무 다른 거지.”

“제가 학교에서 배운 네안데르탈인이나 크로마뇽인이 나타난 건 언제죠? 그들이 인간의 시조가 아닌가요?”

“인간이 언제 탄생했느냐라는 문제를 푸는 데 가장 좋은 열쇠가 돼 준 것은, 지금의 인간과 비슷한 두개골이란다. 인간의 역사를 추적하는 데 어림잡는 시간은 수백만 년인데, 그 사이 발견된 중요한 두개골은 몇 개 되지가 않아."

"유인원은 인간이 아니죠? 오스트랄로피테쿠스를 두고 하는 말이잖아요."

"유인원은 사람과 비슷한 동물이라고 이해하면 돼. 여러 가지 복잡한 명칭도 크게 신경 쓸 필요는 없어. 오스트랄로피테쿠스의 등장 시기는 200만 년 전에서 최고 700만 년 전까지 거슬러 올라가지. 그 이름은 두개골 화석을 발견한 사람이 붙인 건데, 라틴 어로 남쪽의 유인원이란 뜻이야. 최초의 인간이라 불리는 루시도 약 350만 년 전에 직립 보행한 오스트랄로피테쿠스란다."

"루시노 오스트랄로피테쿠스인지 몰랐어요. 그런데 왜 이름이 루시죠?"

"1974년에 도널드 요한슨이란 미국의 인류학과 대학원생이 에티오피아에서 그 뼛조각을 발견했는데, 작업을 마쳤을 때 녹음기에서 흘러나온 노래가 비틀스의 〈저 하늘의 다이아몬드를 지닌 루시〉였대. 그 노래를 듣고는 루시라는 이름을 붙였다는 거지. 네안데르탈은 독일 뒤셀도르프 부근의 언덕 이름이고, 크로마뇽도 프랑스 어느 지방의 절벽 이름이야. 거기서 발견된 두개골은 모양뿐만 아니라 크기도 지금의 우리와 가장 비슷하다지."

"이모, 재밌는 이야기이긴 한데 도대체 언제 인간이 탄생하고,

안녕~
내가 최초의 인간, 루시야!
Diamond!
I'm LUCY
Lucy in the sky with Diamonds~
THE BEATLES

언제 법을 만들게 되나요?"

"피자 가게에서 밤을 샐 순 없는 노릇이지. 서서히 진화했건 한순간에 나타났건, 인간은 지구에 출현했어. 벌거벗은 최초의 인간들에게 무엇이 필요했을까?"

"그때 법이 필요하지 않았던 건 분명해요. 옷이 필요했을까? 그래요, 의식주가 필요했겠지요."

"인간뿐만 아니라 다른 동물이나 식물도 마찬가지겠지만, 가장 먼저 살아남을 수 있는 조건이 필요했을 거야. 가만히 있는데도 저절로 살아갈 수 있는 생명체는 없어. 먹을 게 있어야 하고, 온갖 위험으로부터 자신을 보호할 수 있어야 할 테지."

"들판에 자라난 풀이나 나무의 열매를 먹지 않았을까요? 물고기도 있잖아요."

"당연히 처음에는 그랬겠지. 먹을 것을 찾아다니는 게 가장 큰 일이었는지 몰라."

"항상 여행을 했겠군요, 두 발로 걸어서."

"맞아. 인간은 태어나면서 여행을 시작했을 거야. 그러다가 들판에서 우연히 곡식을 발견했고, 인간의 노력에 약간의 행운이 겹쳐 씨를 심을 줄 알게 된 거지."

"이제 겨우 밀가루를 만든 때로 돌아왔군요."

"밀이든 보리든 땅에 심어 경작할 수 있게 되면서 인간은 떠돌아다니지 않고도 먹고살 수 있게 되었어."

“농사를 지을 줄 알게 되면서 사람들이 모여 살게 되었으니까 이제 드디어 법이 생기는 건가요?”

“인간이 모여 살기까지 그 과정을 더듬어 보는 데 너무 많은 시간이 걸렸지?”

“그래도 진짜 최초의 인간이 태어나서 밀가루를 만드는 데까지 걸린 시간에 비하면 아무것도 아니잖아요. 수십 억 년을 이야기하는 데 겨우 피자 한 판 먹는 시간밖에 걸리지 않았어요.”

“그럼 이야기를 조금만 더 하고 끝내자. 인간이 모여 살면서 법이란 게 필요하긴 했을 거야. 지금 우리가 말하는 법과는 조금 다를 수 있어. 인간이 혼자 살지 않는 한, 어떤 의미에서든 규칙은 필요해. 그 규칙을 법이라고 할 수 있겠는데, 그런 법이야 인간이 모여 살지 않고 떠돌아다닐 때도 필요했겠지.”

“그렇군요. 어떻게 생각하면 무리 지어 떠돌아다닐 때 법이 더 필요했을지 모르겠어요. 그런데 그때의 법은 지금 우리의 법과 어떻게 다른 거죠?”

“인간 생활에 질서가 이루어지게 하는 데 필요한 수단이라는 점은 원시인들의 규칙과 지금의 법이 비슷하거나 같을 거야. 그렇지만 결정적으로 다른 점이 있어. 지금 우리가 만들어 사용하고 있는 법은 국가란 걸 내세우지 않고서는 생각하기 힘들어.”

“그럼 인간이 농사를 지으며 모여 살게 된 때부터 국가를 세울 때까지를 살펴봐야 하나요?”

"아무래도 그건 너무하지? 피자를 한 판 더 먹을 수도 없고."

"제 생각에도 그래요. 그럼 국가와 법에 대한 이야기는 오늘 저녁에 이메일로 보내 주세요."

"그렇게 할게. 꼭 오늘 저녁이 아니더라도 가능한 이번 달이 가기 전에 메일을 보내도록 할게. 그런 의미에서 마지막으로 하나만 같이 생각해 보자.

지구가 무한한 우주 속에서 물방울처럼 생겨나고 생명체가 하나 둘 탄생하는 과정은 상상만 해도 신기하지. 그런데 그 이후의 모든 것들이 다 그렇단다. 봄이 되면 나무줄기로 물이 오르면서 싹이 돋지. 벌과 나비는 꽃잎에 머리를 처박고 꿀을 빨면서 날개에 꽃가루를 묻히고, 농부는 창고 문을 열어젖혀 괭이를 활기차게 움켜쥐잖아. 계절은 여름과 가을을 거쳐 겨울이 지나고 다시 봄이 돌아올 때까지 기계처럼 바뀐단다. 자세히 살피면 자연은 그 자체가 아주 정교하고 치밀하게 움직이는 걸 알 수 있어. 인간을 포함한 수많은 자연의 부속품들은 그 속에서 잘 적응해 가며 살아가지.

인간이 식물의 씨를 땅속에 파묻어 경작하게 된 것이나, 동물을 기르는 방법을 알게 된 것도 모두 자연을 잘 이해하고 적응했기 때문이야. 모든 자연에는 저마다 고유한 규칙이 있으니까 이해가 가능하고 친숙해질 수 있었지. 인간은 그 숫자가 엄청나게 늘어나면서 여러 가지 노력으로 식량의 생산량을 늘려야 했어.

그 방법 중의 하나가 화학이야. 화학을 통해 물질을 이루는 분자의 규칙을 알아낼 수 있었던 거야. 그 덕분에 비료를 만들어 곡식을 많이 거두고, 가축도 개량하고, 의약품도 만들고, 옷감에 염색도 하게 됐지.

아주 먼 옛날부터 우리가 이야기하려는 국가를 건설하기까지 인간이 걸어온 길을 한마디로 말해 본다면, 이렇게 할 수 있을 것 같아. 그 긴 여행은, 자연의 한 부분인 인간이 자연이라는 거대한 환경에 숨어 있는 규칙을 발견하고 이용해 온 과정이라고 말이야. 날씨의 변화, 땅의 성질, 바닷물의 밀물과 썰물, 숲속의 전나무와 먼 산에 사는 사슴의 생활 습관 같은 것 말이지.

인간이 정착해서 사는 데 익숙해지면서 발생한 예술에도 비슷한 점이 있어. 크로마뇽인일지도 모르는 1만 7000년 전의 사람들이 그려 놓은 라스코 동굴의 벽화, 마추픽추의 놀라운 석조 건축물의 흔적, 인도를 비롯한 동남아시아의 불상과 사원의 우아한 아름다움, 이슬람의 모스크 벽이나 가톨릭교회 유리창을 장식한 찬란한 모자이크가 모두 규칙을 이용한 결과야. 심지어 불규칙의 규칙까지 이용한 게 인간과 자연의 아름다움이지. 인간이 규칙을 좋아한다는 사실은 지난번에 질서에 대해 이야기할 때 이미 확인했잖니. 질서에는 규칙이 있고, 그 속에는 아름다움이 담겨 있는 법이야. 인간은 본능적으로 자연과 만물의 규칙을 이해할 수 있었어. 그런 인간이 사회와 국가를 이루어 살면서 자기들만의 규칙인 법을 만든 것은 너무나 당연해 보이지 않니?"

"정말 많은 생각들이 한꺼번에 머릿속으로 몰려왔다가, 어느 새 정리가 되는 기분이에요. 기분이 아주 좋아졌어요. 그런데 마지막에 이모가 하신 얘기를 저기 서 있는 피자 가게 누나도 들었나 봐요. 우리가 너무 오래 앉아 있다고 눈치를 주는 게 아니라 기분 좋은 표정으로 보고 있다니까요."

"정말? 그렇다면 보너스로 시를 읊어 줄게. 17세기에 활약한 영국의 존 밀턴이 쓴 시 중에 천지 창조를 묘사한 장면이 있거든. 독실한 기독교인이었던 밀턴이 시력을 잃고 난 뒤에 쓴 장편 서사시 〈실낙원〉 제7권 중에 내가 외우고 있는 부분이지. 우리를 쳐다보고 있는 저 누나도 들을 수 있게 좀 큰 소리로 읊어야겠구나."

그러자 불타는 수레바퀴가 멈추고, 그의 손에는
신의 영원한 곳간에서 마련한 황금의 컴퍼스를 잡고
이 세계와 모든 피조물의 경계를 그었다
한쪽 다리를 중심으로 삼고, 다른 쪽 다리를 돌려
암흑의 거대한 심연을 가르며
그는 말하였다
여기까지 뻗어 있다. 여기까지가 너의 경계니라
오, 세계여! 이것이 너의 올바른 둘레니라

보낸 사람

국가 속에서 고민하는 개인@이모

받는 사람

국가를 움직이는 법을 찾는 개인@기현

참조

개인과 사회, 개인과 국가, 법에 대한 궁금증을 가진 모든 개인

제목

국가를 이루고, 국가를 움직이는 것

기현이에게.

피자 가게에서 하던 이야기를 메일에서 이어서 해 볼게. 오늘 이
야기는 좀 길어질 것 같아. 아마 잠자는 시간보다 편지 쓰는 시
간이 더 길어질지도 모르겠구나.

　이 세상에 자기 혼자 사는 사람은 없어. 이렇게 단정적으로 말
해도 틀렸다는 생각은 들지 않는구나. 사정이 있어 산속에 동굴
을 파고 들어가 홀로 지내는 도인이 있다 하더라도, 그가 사라진
것을 알고 있는 마을 사람들이 존재하는 한, 그는 혼자 살고 있
는 것이 아니란다.

　사람은 모여서 서로 도우며 살게 되어 있어. 물론 살기 위하여
싸우기도 하지만 말이다. 사람들이 모여서 사는 형태는 아주 다
양해. 모여 있는 크기와 성격에 따라 여러 이름을 붙일 수 있지
만, 가장 널리 쓰이는 말이 사회란다. 국가도 그중의 하나라고 할
수 있지.

사회와 국가, 국가를 이루는 조건

네안데르탈인이 사라진 뒤에 등장한 크로마뇽인은 살기 좋은
환경을 찾아 헤매다 정착을 했고 농사를 짓기 시작했다고 하자.

우리는 아득히 먼 시대에 살았던 조상들의 모습을 그리며 원시 사회니 부족 사회 또는 씨족 사회라고 부르지. 그런 사회가 어느 순간 국가의 형태를 갖추게 되는데, 지금부터 2, 3000년 전에 생겼던 작은 도시들을 고대 국가라고 한단다.

그러면 사회는 무엇이고 국가는 또 무엇일까. 사회는 사람들이 모여 사는 집단을 말한다고 했지. 같은 장소에 모여 사는 사람들의 사회는 그 장소가 사회를 정하는 셈이 된다. 하지만 그와 다른 사회들도 많이 있단다. 멀리 떨어져 사는 사람들이라도 서로 생각이 같거나, 하는 일이 비슷하거나, 직업이 같다는 이유로 사회를 형성하기도 해. 네 또래의 우리나라 중학생들도 너희들만의 사회를 만들 수 있지. 이미 만들어져 있다고 할 수도 있고.

사회는 종류가 너무 많아서 어떤 것들이 있다고 일일이 설명하기는 힘들어. 사회는 물방울 같기도 하고 세포 같기도 해. 사람들이 모여서 사회를 만들고, 사회끼리 서로 합치기도 하고 경쟁하기도 하는가 하면, 가끔 사라지기도 하지. 어쨌든 한 인간은 반드시 하나 이상의 사회에 속해 있어.

그렇다면 국가는 뭘까. 사회가 모여서 국가가 된다고 하면 이해하기는 쉽지. 그러나 반드시 그렇게 말할 수는 없단다. 국가는 하나 이상의 사회로 이루어져 있다고 말하는 것은 괜찮아. 보통 국가라고 하면 몇 가지를 갖추고 있는 사회를 말한다고 하자. 그 몇 가지가 뭘까. 먼저 떠올리기 쉬운 것으로 국토를 들 수 있겠지. 국가가 있으려면 일정한 경계를 가진 땅이 있어야 하잖아? 물론 나라의 이름도 있어야 하겠고.

국가와 국가 사이에 국경선이 그어져 있는 이유가 무엇인 것 같니? 사실 그것도 법과 관계가 있어. 주권이나 법은 국가마다 다르고, 그 나라의 주권과 법은 그 나라에서만 효력이 있단다. 다른 말로 하자면, 국토라는 것은 그 나라의 법이 지배력을 미치는 범위를 말하는 거지. 그래서 국토를 영토라고도 한다. 이렇게 한 나라의 영토 안에서 효력이 있는 법을 국내법이라고 하지. 그렇다면 국가와 국가 사이에도 당연히 법이 필요하겠지? 그 법을 국제법이라고 하는데, 국내법과 국제법은 모두 법인데도 불구하고 그 성격은 아주 많이 다르단다. 국제법이 무엇이길래 그렇게 다른지는 훗날의 이야깃거리로 남겨 두자.

영토가 있으면 거기서 사는 국민이 있어야겠지. 잠깐, 영토가 있으니 국민이 있는 건 아니야. 사람이 모여 살기 위해서 국가의 영토를 만들었다고 생각하는 편이 더 나을 것 같다. 어떤 사람을 자기 국가의 국민으로 하느냐는 것도 나라마다 법으로 정하고 있어. 너와 나는 대한민국 국적을 가지고 있지만, 두 개 이상의 국적을 가지고 있는 사람들도 있단다. 어느 나라의 국민이라고 반드시 그 영토 안에서만 사는 것도 아니야. 외국에 살면서 자신의 원래 국적을 끝까지 지킬 수도 있어. 이런 것도 알아 둘 필요가 있을 것 같구나. 세상에는 국적이 아예 없거나, 국적 갖기를 거부하는 사람도 있다는 사실을.

일정한 땅 위에 사람들이 함께 모여 산다는 사실만으로 국가를 이루었다고 할 수는 없어. 이제는 조금 전에 말한 주권을 설명해 볼게. 간단히 말하면 주권은 주인 된 권리, 즉 최고의 의사 결정 권한이라고 할 수 있어. 좀 딱딱한 표현이긴 하지만 금방 이해될 거야.

무슨 일을 어떻게 처리할 것인지는 개인이나 가족들 사이에서도 늘 결정해야 할 문제잖아. 더구나 국가를 운영하기 위해 무엇을 결정하는 일은 아주 복잡하고 중요할 수밖에 없어. 바로 그 결정 권한이 주권이란다. 주권을 누가 어떻게 행사할 것인가는 국가마다 법으로 정하고 있지. 법 중에서도 가장 위에 있는 법, 헌법에 따르는 거지. 그러니 헌법이 얼마나 중요한 건지 확실히 알겠지?

국가마다 사용하는 언어가 다른 것도 재미있어. 그런데 언어는 특정한 국가를 구별하는 기준이 되지는 못해. 같은 언어를 사용하는 국가가 여럿 있는가 하면, 한 나라 안에서 두세 개의 언어를 사용하는 경우도 있으니까 말이야.

우리가 흔히 국가의 조건으로 꼽는 영토, 국민, 주권을 간단히 알아봤어. 그렇지만 오래전 과거의 씨족이나 부락 같은 작은 사회가 어느 순간에 국가가 되었는지 말하기는 쉽지 않아. 아무리 원시 사회라 하더라도 지금의 국가 못지않게 체계를 갖춘 곳도

있었을 테니까. 이 말을 하는 이유는, 사회와 국가의 구별이 그렇게 쉬운 일이 아니라는 걸 알려 주고 싶어서야. 더군다나 지금 대한민국이라는 국가와, 그 국가 안에 있는 다양한 사회의 관계를 말하는 방법에는 여러 가지가 있단다. 그런 전문적인 이야기는 지금 너와 내가 나누는 대화에 어울리지 않는구나.

이야기가 꽤 길어지고 있지만, 하나만 더 말할게. 사회가 모여서 국가가 되는 것처럼 생각하기 쉽지만, 반드시 그렇다고 말할 수는 없어. 거꾸로 국가끼리 모여서 큰 공동체 사회를 만들기도 해. 유럽 연합EU이 그렇단다. 여러 국가가 모여 마치 하나의 나라처럼 생활하지. 그것이 어떻게 가능하냐고? 유럽의 크고 작은 나라들은 서로 민족도 다르고 언어도 달라. 하지만 국경을 없애고, 화폐를 통일하고, 같은 법을 만들어 사용하기로 한 거야. 함께 어울려 살면 더 편하고 좋은 점이 많을 거라고 판단했기 때문이지. 그러면서 유럽 공동체, 유럽 사회, 국제 사회란 표현을 사용하기도 한단다.

군주가 가진 권리를 국민에게로

앞서 잠깐 말한 것처럼 인간이 무리를 짓고 살기 시작한 다음, 공동체 사회가 점점 발달해서 국가가 된 것으로 이해하는 것이 일반적이잖아. 내가 굳이 일반적이라고 표현하는 이유는, 그렇지 않을 수도 있고 그렇게 이해하지 않는 생각의 방식도 있기 때문이야. 뭔가를 단정적으로 말하다 보면 오류가 생기기 마련이지.

옛날의 국가들이 지금의 국가와 똑같을까? 그렇지 않단다. 옛날의 국가와 지금의 국가는 그 내용이나 모습이 꽤 다르단 말이지. 어떻게 다른가를 알아보는 데 좋은 잣대가 되는 것이 바로 주권이야.

과거의 국가에서 주권은 누구에게 있었을까? 여기서 과거란 대략 18세기나 19세기 이전을 말하는 거란다. 정확한 표현은 아니지만, 중세나 고대 국가라고 해 두어도 좋아. 그 시대의 국가에서 주권은 군주에게 있었단다. 왕, 황제, 총통, 임금 등 어떤 호칭으로 불리느냐에 상관없이 한 사람이 국가의 모든 권력을 쥐고 있었고, 그 사람을 군주라고 불렀어. 군주는 절대 권력자였고, 그런 군주가 있는 국가를 군주 국가라고 하지. 물론 군주가 모든 권한을 가지고 모든 일을 마음대로 할 수 있었던 것은 아닐 거야. 국가마다 군주마다 사정에 따라 조금씩 달랐을 테지. 하지만 지금과 비교하면 거의 모든 권력을 쥔 것이나 다름없기 때문에 절대 군주라고 하는 거야.

주권이 군주 한 사람에게 있는 국가에서는 당연히 중요한 일은 군주가 결정하겠지. 경우에 따라 신하들에게 물어보거나 의논해서 결정할 수도 있어. 그렇지만 의논할 것인지 말 것인지, 다른 사람의 의견을 존중할 것인지 무시할 것인지도 군주의 결정에 달려 있거든. 그런 국가를 전제 국가라고 하는데, 군주 혼자서 자기 생각대로 일을 결정하고 집행하는 국가라는 뜻이란다.

서양에서는 주권은 인간이 아닌 오직 신에게 있다고 믿었던 때가 있었어. 인간의 일은 신이 결정한다는 믿음이었지. 그런데 신이 실제로 우리 앞에 나타나 모든 일을 결정할 수는 없으니 그 심부름꾼으로 군주를 지명했다는 거야. 왕의 주권은 신으로부터 받은 것이라는 말이지. 따라서 누군가 왕이 되면 그 지위는 가족이나 형제가 계속 물려받았어. 이것이 바로 세습 군주제야.

군주가 모든 것을 결정하는 전제 국가에서는 군주의 명령이 최고의 법이었어. 군주가 통치하는 군주 국가에도 여러 형태의 법이 있었지만, 왕의 명령을 어길 수는 없었어. 법이 마음에 들지 않으면 왕 스스로 법을 바꿀 수도 있었을 테니 말이야.

주권이 군주에게 있었던 과거의 국가는 영원히 지속될 수가 없었어. 모든 법이 왕의 명령에 따라 만들어지고, 국가의 재산은 왕이 필요할 때 신하들에게 나누어 주는 은혜의 선물이었어. 왕 아래의 사람들은 왕에게 충성을 다해야 했고, 왕의 가까이 있는 사람일수록 권한도 재산도 많았어. 가장 멀리, 가장 아래쪽에는 자유나 권한 없이 일만 하는 사람들이 있었지. 철저한 계급 사회였던 거야.

그러니 세월이 흐르면서 불만을 가지게 된 사람들이 많이 생기게 됐고, 그 사람들은 더 이상 참지 않고 직접적인 행동을 하게 됐어. 군주가 독점하던 주권을 빼앗아 모든 국민들에게 돌려준 거지! 이런 변화의 움직임을 혁명이라고 불러.

역사적으로 미국은 영국 왕의 지배를 받다가 영국과 싸워서 독립을 이뤘고, 프랑스는 국민들을 억압하고 제멋대로 굴던 왕을 처형했어. 그런가 하면 영국처럼 왕은 그대로 두고 주권만 국민에게 넘겨준 경우도 있었지. 이런 나라들이 혁명에 성공하자, 그 영향은 점점 전 세계적으로 퍼져 나가기 시작했어.

군주가 가지고 있던 주권을 국민에게 돌려주었다는 건 무엇을 의미할까. 국가의 중요한 일에 대한 결정 권한을 국민 모두가 갖게 되었다는 거지! 국가의 일을 군주 같은 개인 한 사람이 아니라 국민 전체의 의시에 따라 결정한다는 것을 의미해. 그런 국가를 공화국이라고 한단다.

과거의 전제 국가와 달리 지금의 모든 국가들은 저마다 공화국이라고 부르고 있어. 실제로 어떤 정치 체제가 이뤄지든 간에 공화국이라는 명칭을 사용한단 말이지. 우리나라 헌법 제1조는 "대한민국은 민주 공화국이다."라고 선언하고 있고, 북한의 정식 국가 명칭은 조선민주주의인민공화국이란다.

무조건
내 마음대로다!
물러가라!
물러가라!
독재자!
컴퍼스 대왕 땅!
신이시여!
오! 어쩜 좋아…

전체의 의견을 골고루 듣는 것이 민주적 방식

왕이 중심이었던 세상이 모든 국민 개개인을 중심으로 삼는 세상으로 바뀌었어. 국가의 주권이 국민에게 있다는 사상을 국민주권주의라고 해. 정말 대단한 일이라고 할 수 있지. 인간의 역사에서 그토록 엄청난 변화를 일으킨 공화주의 사상은 어떻게 생겼을까.

그걸 간단하게 설명하기는 참 힘드니까. 그냥 이렇게 말하는 게 좋겠어. 왕과 그 주변 사람들이 모여서 자기들 마음대로 하는 독재 정치는 시간이 지날수록 많은 사람으로 하여금 불만을 갖게 만들어. 적은 수의 몇몇 사람이 많은 권력과 재산을 차지하고, 많은 수의 사람들은 힘겨운 노동에 시달리면서 겨우 먹고산다면 어떻겠니. 현실에 불만을 가진 사람들의 힘이 점점 모이게 되고, 그 힘이 불만스러운 현실을 바꿔 놓게 된단다. 그런 행동이 개혁이 되고 혁명이 되곤 하는 거지.

그런 큰일은 육체적인 힘만으로 되는 게 아냐. 오히려 정신적 힘이 더 필요해. 그래야 직접 만날 수도 없는 수많은 사람들을 동시에 설득해서 개혁이나 혁명에 참여하게 할 수 있으니까. 그런 정신적 힘의 하나가 사상이야. 공화 정치를 주장하는 사람에게는 공화주의 사상이 있다고 할 수 있지.

공화주의 사상과 뗄 수 없는 관계에 있는 사상 중 하나가 민주주의야. 민주주의 역시 주권이 국민에게 있다는 정치사상이기 때문에 공화주의와 같은 말이라고 생각해도 좋아. 공화주의나 민주주의 사상은 지금부터 약 2500년 전부터 있었단다. 피자 가게에서 내가 읊었던 시를 쓴 밀턴도 공화주의자였는데. 그 때문에 감옥에 들어갔지. 자주 쓰는 말은 아니지만 인본주의도 사실 민주주의와 같아.

학자들이나 정치가들은 민주주의의 의미를 아주 복잡하게 만들어 버리고 말았지만, 우리는 쉽게 이해할 수 있어. 민주주의는 어원이 모든 의미를 말하고 있거든. 사회나 국가의 전체 구성원을 뜻하는 데모스와, 지배를 뜻하는 크라토스가 합쳐져 데모스크라토스가 만들어졌고, 그것이 영어의 데모크라시democracy가 됐어. 그 용어를 일본에서 처음 번역하면서 민주주의라고 한 거야. 그러니 민주주의는 국민이 직접 지배하는 정치를 말하는 거야. 주권이 국민에게 있다는 것과 같은 의미지.

민주주의를 실천한다는 건 어떤 의미일까? 무언가를 결정할 때 구성원 전체의 의사를 골고루 들어 보는 게 민주적 방식이야. 계획한 일이 어떤 내용인지 사전에 충분히 알리고, 그에 대한 찬성과 반대의 여러 의견을 잘 듣고 서로 토론하게 한 다음, 다수의 의견에 따라 결론을 내리는 과정을 거치는 거야.

민주주의가 이런 것이라면 반드시 국가의 일을 결정하는 데만 적용되는 원칙이 아니겠지? 집안일을 결정할 때에는 가족들 사이에, 학교 일을 결정할 때에는 모든 학생과 선생님들 사이에 그런 과정을 거쳐야 민주적이라고 할 수 있겠지. 사소한 일이라도 식구들이 모여 의논하는 습관을 가진 가족은 공화주의적이고 민주적이지만, 엄마나 아빠가 자기 마음대로 결정하는 집안은 전제주의적이고 독재적이라 할 수 있어.

여기서 잠깐. 아주 중요한 사실이 하나 있단다. 흔히 다수결 원칙을 민주주의의 모든 것으로 아는 사람들이 있는데, 그건 엄청난 오해야. 찬성과 반대가 팽팽하면 결국엔 다수결로 결론을 내릴 수밖에 없겠지만, 다수는 항상 소수의 의견을 존중해야 해. 끝까지 소수의 의견에 귀를 열어 놓고, 소수 의견을 가진 사람들이 다수의 의견을 받아들일 수 있도록 최선을 다해 설득해야 한단다. 그 과정에서 소수 의견이 반영될 수도 있겠지. 그런 아름다운 의무가 제대로 이행될 때 진짜 민주주의가 실천된다고 할 수 있어.

재미있는 이야기를 하나 해 줄게. 유대교의 율법을 가르치는 랍비들이 예배 장소인 시나고그에 모였어. 탈무드의 한 구절을 해석하는 데 어려움이 있었기 때문이야. 아주 유능한 랍비 엘리저는 자신의 지식과 논리를 모두 동원해서 훌륭한 의견을 제시했어. 자신이 옳다고 확신한 엘리저는 이렇게 말했어.

"내 말이 옳다면 저 밖의 큰 소나무가 두 걸음 옆으로 움직일 것이다."

모두 밖을 내다보니 실제로 소나무가 움직였어. 그렇지만 랍비들은 여전히 엘리저의 의견에 찬성하지 않았어. 그러자 엘리저는 다시 말했어.

"내 말이 옳다면 물이 거꾸로 흐르고, 이 시나고그의 벽이 휘게 될 것이다."

놀랍게도 그렇게 됐어. 하지만 다른 랍비들은 엘리저의 말은 믿지 않았지. 마지막으로 엘리저는 신에게 물어보자고 했어. 모두 귀를 기울이고 있을 때 신의 목소리가 들렸어.

"엘리저가 맞느니라."

그 소리에 랍비들은 생각을 바꾸기는커녕 오히려 신에게 이렇게 반문했어.

"주여, 저희는 거기에 따를 수 없습니다. 시나이 산의 율법서에 '다수의 의견에 따라야 한다'고 새겨 놓으신 분이 바로 주님 당신이지 않습니까!"

신은 껄껄 웃고 손을 들고 말았어.

"내 자식들이 나를 이겼구나, 나를 이겨!"

민주주의의 방식, 특히 그중에서도 다수결 원칙이 언제나 가장 옳은 결론으로 이끄는 것은 아니란다. 다만 합리적인 결론에 이를 가능성이 가장 높은 방식이라고 알아 두렴. 그래서 사람들은 가끔 이렇게 말하기도 한단다.

"민주주의는 결과보다 과정을 더 중요하게 생각한다."

정치는 정치인에게, 감시는 국민의 몫

밤이 점점 깊어 새벽이 다가오고 있지만, 쓸 이야기가 아직 남아 있단다. 남겨 두는 것보다는 마저 하는 게 좋을 것 같으니 계속 쓰도록 할게. 이건 순전히 나 혼자 결정할 수 있는 문제니까.

사람이 살아가기 위하여 사회와 국가를 이루고, 법을 만들고 하는 까닭은 혼자서 결정할 수 있는 일이 그리 많지 않기 때문일 거야. 많은 일들이 다른 사람들과 관계에서 벌어지기 때문에, 늘 다른 사람의 의견에 따르거나 다른 사람을 설득해야 하니까. 그게 민주주의야.

한데 잘못 생각하면 민주주의를 아주 귀찮은 존재로 여길 수 있어. 네 경우를 생각해 보렴. 이번 주말 가족끼리 밖에 나가 식사를 하려는데 중국 식당이 좋을지 프랑스 식당이 좋을지, 아니면 여름휴가는 동해 바닷가로 갈까 제주도로 갈까를 결정하는 문제라면 어때? 이런 문제라면 너도 당연히 엄마와 아빠께 네 의견을 말하고, 가능한 네가 원하는 대로 하고 싶을 거야. 민주적 절차가 좋은 것이라고 생각하면서.

이번에는 이런 문제가 생겼다고 해 보자. 다음 달에 이사를 가야 하는데, 단독 주택을 구할 것이냐 아파트를 살 것이냐, 전액 임대차 보증금으로 할 수 있는 집이 좋으냐, 절반 정도는 월 임대료를 내는 게 편하냐, 그건 요즘 이자율을 따져 보고 정할 것이냐, 임차권 등기는 할 것이냐 말 것이냐. 듣기만 해도 머리가 아프지? 끝이 아니란다. 이사가 연기되면 그 돈을 은행에 정기 예금으로 보관할 것이냐 아니면 선물 시장에 투자하는 펀드에 가입할 것이냐를 묻는다면? 이런 말들은 네가 듣기조차 거북하지. 엄마와 아빠가 집안일을 민주적으로 결정하기 위해 그런 문제에 대한 너의 의견을 말하라고 하면 어떻겠니? 아예 일주일에 한두 번씩 저녁 9시쯤 정기적으로 가족회의를 연다면 즐겁게 참여할 수 있겠어? 당장에 그런 골치 아픈 일들은 엄마 아빠가 알아서 하시라며 손을 내젓겠지.

국가의 일도 마찬가지란다. 대부분 사람들은 자기의 자유와 권리에 관심이 있을 뿐이야. 자신의 자유나 이익과 직접 관계가 있는 일에는 관심을 갖지만, 그렇지 않으면 적극적으로 나서려고 하지 않지. 특별한 경우를 제외하고는 복잡하고 어려운 국가의 일을 직접 맡아서 하려고 하지 않는다는 말이야. 민주주의를 실천하기 위해 도시나 국가의 중요한 일을 처리할 때마다 모든 사람을 다 모이게 한다면 어떻겠니. 대부분의 사람들은 아주 귀찮아하거나 싫어할 거야.

지금부터 대략 2500년 전쯤의 고대 그리스에서는 도시의 사람들이 직접 중요한 일을 결정하는 회의에 참석하여 토론하고 투표를 했어. 모든 공무원의 업무도 시민들이 의무적으로 돌아가면서 맡았대. 심지어 법정에서도 시민 500명이 모여 투표로 유죄와 무죄를 결정했어. 도시 국가의 구성원들이 직접 의사 결정에 참여했기 때문에, 지금과 비교해서 직접 민주주의 정치가 이루어졌다고들 하지. 하지만 그때도 모든 사람들이 다 정치에 참여한 것은 아니야. 일정한 나이의 남자만 참여했고, 여자나 하층민은 제외됐거든.

왕이 독점하던 주권이 국민에게로 옮겨진 다음에도 원칙대로라면 모든 국민이 국가의 의사를 결정하는 데 참여해야 해. 국가의 중요한 일을 결정하고 집행하는 업무를 흔히 정치라고 하는데, 보통 사람들은 정치하기를 원하지 않아. 정치는 정치하기를 원하고 정치를 잘하는 사람이 도맡아서 하는 게 낫다는 거지. 그런 정치인들에게 정치를 맡기고 조용하고 자유롭게 살기를 바라는 거야.

그래서 등장한 제도가 바로 대의 민주주의야. 국민들은 자신이 직접 정치에 참여하기보다는, 정치를 대신 맡아 줄 사람을 대표로 뽑아 국회로 보내는 거지. 그러면 그 대표자들이 국회에 모여 임기 동안 정치를 맡게 된단다.

정치의 목적은 모든 사람들이 자유와 권리를 충분히 누리며 함께 평화롭게 살아가게 하는 것이야. 그 목적을 위해 하는 일이 바로 필요한 법 만들기란다. 그렇기 때문에 직접 정치를 하지 않는 국민은 선거 때마다 자신의 한 표를 행사하여 대표를 선출한다고 모든 의무를 다하는 게 아니야. 대표로 뽑힌 사람이 자신의 할 일을 잘할 때도 있지만 그렇지 못한 경우도 많거든.

임기 동안 그 국민의 대표가 국민과 국가를 위해 일을 제대로 하는지 잘 감시하고, 잘못이 발견되면 그때그때 참견할 수도 있어야 해. 그런 행동을 참여 민주주의라고 하니, 기억해 두렴.

권리나 의무를 법으로 정하고 그 법에 따르는 원리

모든 국민이 주권을 가지는 국가를 건설하고 민주주의를 원칙으로 삼되, 국민의 대표를 선출하여 일정한 기간 동안 일하게 하는 대의 민주주의 제도로 국가를 운영하려면 무엇이 필요할까? 여러 가지가 있어야 하겠지만 무엇보다 필요한 것이 바로 법이란다.

법 중에서도 국가를 어떻게 움직이고, 국민의 기본적인 자유와 권리를 어떻게 지켜 줄 것인지를 정하는 것은 헌법이야. 그래서 18세기부터 혁명을 통하여 왕이 움켜쥐고 있던 주권을 국민에게 돌려준 다음, 민주주의 사상을 바탕으로 새로운 국가를 세울 때 모든 나라가 헌법을 만들었단다. 우리는 조선 시대 말에 고종 황제가 나라 이름을 대한 제국이라고 고쳤지만 일본의 침략을 받아 식민지가 되고 말았지. 다행히 제2차 세계 대전에서 일본이 패배하면서 우리는 잃어버렸던 국가를 되찾게 됐고, 그 참에 민주 공화국을 세우면서 1948년 처음으로 헌법을 가지게 되었어. 헌법에 대해서 조금 더 쉽게 설명해 볼까?

주권은 누구의 것인지, 주권을 행사하기 위하여 어떤 국가 기관을 둘 것인지, 국가 기관에서 일할 사람은 어떻게 뽑을 것인지, 모든 국가 기관의 작용이 국민 모두의 자유와 권리와 행복을 보장해 줄 수 있는지를 정하는 법이 바로 헌법이란다.

국가를 운영하는 데 필요한 원칙을 정하는 것이 헌법이라면, 그런 원칙은 옛날에도 있었어. 크고 작은 국가에서도 그 나라만의 원칙을 가지고, 그에 따라서 국가를 운영했으니까. 왕위 계승에 관한 전통이나 관습도 다 헌법이나 다름없었던 거야. 그런데 19세기부터 나타나기 시작한 공화국에선 왜 굳이 헌법을 만들었을까? 말로 하는 것보다는 문자로 기록해 두는 게 더 확실하다고 생각했기 때문이야. 헌법의 내용을 조목조목 써서 보관해 두면 법을 확인하기도 쉽고 그만큼 어기기도 더 어렵지 않겠니?

하지만 더 중요한 문제는 이거란다. 국가의 중요한 일을 결정하는 사람은 국민을 위하여 항상 옳은 방법으로 업무를 수행해야 해. 누구나 그렇게 되길 원하지. 그런데 그런 권한을 가진 왕이나 대통령이 자기가 옳다고 생각하는 대로 판단하고 행동해 버린다면 곤란하겠지. 만약 어떤 일이든 반드시 옳은 일이 정해져 있다면, 다시 말해 모든 일에 옳은 것과 옳지 않은 것의 구별이 분명하다면 권력을 가진 사람이 옳은 일을 하는지 그렇지 않은지 금방 알 수 있을 거야. 하지만 항상 그러기는 쉽지 않고, 사람들마다 옳고 그름에 대한 생각이 다른 경우도 많아.

그렇기 때문에 국가의 중요한 일을 권력을 가진 사람 마음대로 하도록 내버려 두면, 세월이 흐를수록 권력자가 내키는 대로 일을 처리할 위험이 있어. 이럴 수도 있고 저럴 수도 있으니까 내 마음대로 한다는 식이지. 그게 바로 독재의 시작이야. 이걸 원하는 사람은 아무도 없겠지?

사람들은 기본적인 원칙이나 세세한 규칙을 법으로 만들어 두는 게 독재를 방지할 뿐 아니라, 모두가 약속을 지키는 데 훨씬 편리하다고 믿게 되었어. 가장 큰 원칙인 헌법을 먼저 만들고, 그 틀 안에서 국가를 운영하고 국민 생활을 보살피는 데 필요한 수천수만 가지의 법을 만들게 된 거지.

아까 말한 것처럼, 어떤 일에 관해 법을 미리 만들어 두면 여러 면에서 좋은 점이 많아. 개인이나 국가 기관이 지켜야 할 의무나 누려야 할 권리의 내용이 정해져 있으면, 그것이 제대로 지켜지는지 확인하기 쉽잖아? 그러다 현실과 잘 맞지 않는 부분이 생기면 그때는 법을 고치면 되는 거지. 결국 국가 안에서 자유와 행복을 누리며 살아가는 데는 사람의 마음보다 법이 더 안전하고 믿을 만하다는 거야. 사람보다 법이 더 믿을 만하다는 건 좀 이상하게 들릴 수도 있겠다. 하지만 법이란 건 사람들이 사전에 서로 합의하여 만드는 것이니까 너무 실망할 필요는 없어.

이렇게 권리나 의무에 관한 내용과 행사 방법을 법으로 정하고, 반드시 법에 따르도록 하는 것을 법치주의라고 한단다. 헌법을 가지고 있는 국가는 모두 법치 국가인 셈이지. 이 사상은 국가의 권력을 어떻게 나누고 어떻게 행사하도록 하는 게 좋을까라는 질문에 대한 하나의 해결책으로, 독일 법학자들이 만들어 낸 생각이란다. 영국에서는 국가 안에서 개인의 자유와 권리가 최대한 보장되려면 모든 것을 법의 지배 아래 두어야 한다는 사상이 등장했지. 권력을 행사하는 사람의 마음에 따르는 것이 아니라, 미리 정해 둔 법에 따라 국가를 운영해야 한다는 생각이 법치주의이고, 법의 지배 사상이야. 법의 지배나 법치주의는 같은 의미를 지니고 있다고 알아 두면 된단다.

법치주의나 법의 지배에서 말하는 법은 그리 대단한 것이 아니야. 법은 사람들 사이의 약속이야. 모두가 지켜야 할, 누구나 지키리라고 믿는 약속인 것이지.

개인과 국가와 민주주의에 대한 이 긴 이야기가 지루하게 들리지 않을까 조금은 걱정이 된다. 내 편지는 어디까지나 네가 폭넓은 생각을 하는 데 도움이 되기를 바라며 쓴 것이란다. 그러니 언젠가는 기현이 네 스스로 완성한 너의 의견을 듣고 싶구나.

6

발견한 걸까 만든 걸까?

겨울방학이 거의 끝날 무렵, 주말 아침에 눈이 내렸다. 창밖을 보니 꽤 많은 눈이 쌓여 있었다. 밤새 쉬지 않고 내린 게 분명했다. 아침에도 함박눈은 멈출 줄 모르고 계속되었다. 마침 그때 아파트 단지의 어느 집에서 들려오는 피아노 소리가 또렷했다.

> 송이송이 눈꽃송이
> 하얀 꽃송이
> 하늘에서 내려오는
> 하얀 꽃송이

일찍 일어난 기현이는 피아노 소리에 따라 마음속으로 노래를 불렀다. 〈눈꽃송이〉라는 동요는 어릴 때 어머니께서 가르쳐 주었다. 이 노래의 가사는 어머니의 고향인 울산 교동에서 태어난 서덕출이란 사람이 지었다고 했다. 서덕출 선생은 다섯 살 때 마루에서 넘어지면서 크게 다쳤는데, 그 부상으로 등이 굽어져 평생 제대로 서지도 못했다고 한다. 그래서 학교에도 가지 못하고 집에서 어머니로부터 글을 배웠고, 혼자 방 안에서 70여 편의 동시를 썼다. 그런 사연 때문인지 기현이는 〈눈꽃송이〉를 아주 좋아했고, 겨울에 눈만 내리면 혼자서 즐겨 불렀다.

이날 아침에 기현이는 이모와 관악산 등산을 가기로 했다. 주말이라 이모가 출근하지 않아도 되기에 함께 산길을 걷기로 한 것이다. 약간 들뜬 기분으로 아침을 맞은 기현이에게 사방을 하얗게 덮고 있는 함박눈과 피아노 소리는 뜻밖의 선물이었다.

나무에도 들판에도
동구 밖에도
골고루 나부끼네
아름다워라

피아노는 짧은 동요를 거듭 되풀이하며 변주했다. 흰 눈과 어우러진 피아노 연주 소리는 정말 아름다웠다. 기현이를 관악산 입구까지 태워 주기로 한 어머니도 즐거운 표정이었다. 그런 분위기에서 기현이의 호기심과 상상력이 잠잠할 리 없었다.

"엄마, 이렇게 많은 눈과 〈눈꽃송이〉 노래는 참 잘 어울리죠?"

"그래, 옛날 생각이 절로 나는구나."

"눈과 노래는 지금 우리 앞에 있는데 왜 옛날 생각을 하나요?"

"엄마가 어릴 때 부르던 노래였으니까. 이렇게 눈송이가 펄펄 날리니 정말 아름답구나."

"눈은 원래 있던 것이고 노래는 사람이 만든 것인데, 어떻게 둘 다 똑같이 아름답게 느껴지죠?"

"글쎄, 아름다운 것에 무슨 차이가 있을까? 자연적인 것이든 인공적인 것이든 아름다운 건 아름다울 뿐이지."

"세상의 모든 것은 대체로 두 가지로 나눌 수 있잖아요."

"네가 좋아하는 것과 싫어하는 것으로?"

"엄마 말씀을 듣고 보니 그렇게 나눌 수도 있긴 하군요. 제가 생각한 건 이런 거예요. 이미 있는 것과 인간이 만든 것."

"아무래도 그 얘기는 네 이모를 만나서 계속하는 게 낫겠는걸. 엄마도 그런 이야기에 흥미가 없는 건 아니지만, 평소에 하지 않던 생각을 하려니까 머리가 아프구나. 운전에 방해도 되고."

"알았어요. 그 정도로도 충분해요."

"충분하지 않다는 소리로 들리는데? 이모와 얘기해 보고 너무 골치 아프지 않게 정리해서 내게도 들려주렴."

"네. 벌써부터 이모께 물어볼 얘기들이 많이 떠올랐어요."

어느 집 앞에는 부지런한 꼬마들이 눈사람을 만들어 놓았다. 만든 지 꽤 시간이 지났는지 눈사람의 어깨 위에 눈이 쌓이고 있었다. 그 장면을 보면서도 기현이는 이런 생각을 했다.

'눈은 원래 있던 것이고, 눈사람은 만든 거야. 사람이 만든 눈사람의 어깨 위에 쌓인 눈은 만들지 않은 눈이지. 쌓이는 눈을 보며 〈눈꽃송이〉라는 노래를 만든 거야.'

차는 마지막 오르막을 천천히 올랐다. 길가의 인도에는 걷기가 쉽지 않을 정도로 눈이 쌓였지만, 차도는 염화칼슘을 뿌린 탓에 눈이 녹아 있었다. 한번 시작된 기현이의 생각은 그칠 줄 몰랐다.

'바닥의 흙은 원래 거기 있던 것이고, 그 위에 포장한 도로는 만든 거야. 만든 도로 위에 내리는 눈은 만들지 않은 것인데, 사람이 만든 염화칼슘을 뿌려 눈을 녹였어. 그렇다면 눈이 녹아서 된 물은?'

"눈이 와서 그런지 사람이 별로 없구나. 사실 이 정도 산길이면 등산이 아니라 산책을 한다고 해야 맞을 거야. 네가 엄마하고 하려다 만 이야기나 계속하면서 걷자. 재미있을 것 같아."

"엄마와 사람이 만든 것과 원래 있던 것에 대해 얘기하려다 말았어요."

"네가 생각하고 있는 걸 다른 식으로 표현할 수도 있어. 예를 들자면, 지금 우리가 오르고 있는 산도 그래. 세계에서 제일 높은 산은?"

"에베레스트요, 8848미터."

"그래, 하지만 에베레스트는 영국 사람들이 자기 나라 사람 이름을 따서 붙인 것이란다. 티벳 사람들은 초모룽마, 네팔 사람들은 사가르마타라고 하지. 요즘엔 그 높이를 8850미터라고도 해. 어쨌든 네 기준에 따르면 세계에서 제일 높은 산은 만들지 않은 것이겠구나."

"그럼요."

"세계에서 제일 높은 산이란 건 어떻게 알게 됐지?"

"누군가 발견했겠지요. 물론 측량을 했겠지만요."

"역시 넌 최고의 말동무야. 항상 내가 기대한 것 이상의 대답을 주는구나. 그렇다면 그 높은 산을 오를 때 필요한 등산 장비는 당연히 만든 것이겠지?"

"자세히는 모르지만 등산화나 장갑 같은 것은 사람이 만든 것이죠."

"그런 장비를 처음 만든 순간을 생각해 보자. 세계에서 제일 높은 산은 누군가 처음으로 발견한 것이라면, 그 험한 산을 미끄러지지 않고 오를 수 있도록 등산화 바닥에 뾰속한 침을 붙인 아이젠은?"

"누군가 처음으로 발명했겠지요."

"그러니까 사람이 만들지 않은 것은 발견의 대상이 되고, 만든 것은 발명의 대상이 되는구나."

"발견과 발명. 이제부터 나눌 이야기가 그것이로군요."

"이제 시작해 보자. 발견의 대상이 되는 건 만든 것이 아니라 원래 있던 것이라고 했지. 누군가 발견하기 전에도 원래 있던 것이고, 누가 발견한 뒤에도 변함없이 그대로 있게 되겠구나."

"만들지 않은 것은 원래 있던 것이고, 항상 있는 것이에요."

"원래 있던 것을 발견한다는 건 뭐지?"

"처음 보는 것, 확인하는 것. 혹은 알게 되는 것 아닐까요?"

"네가 아는 발견의 예를 몇 가지만 들어 보렴."

"아메리카 대륙의 발견, 금광의 발견, 희귀 식물의 발견……."

"발견의 사전적 의미에 맞는 예를 잘 들었구나. 그러니까 숨겨져 있거나 잘 알려지지 않은 것을 찾아내는 게 발견이란 말이지. 그런데 반드시 최초로 찾아내야 발견일까?"

"글쎄요, 꼭 그럴 것 같진 않아요. 재발견이란 말도 있으니까요. 거의 처음으로 찾아내는 것이나 다름없는 정도 아닐까요?"

"한동안 잊혔다 다시 발견되는 것도 있지. 몇 년 전에 재미있는 해외 뉴스가 보도된 적이 있어. 적도 부근에 있는 아프리카 케냐의 어느 마을에 눈이 내렸대. 케냐라는 나라가 생기고 처음 내린 눈인지 아닌지는 모르지만, 어쨌든 지금 살고 있는 사람들로선 난생처음 보는 눈이었던 거야. 모두 신기해서 만지고 먹고 어쩔 줄 몰라 했대. 멀리 다른 마을에서 구경 오기도 했고. 그렇다면 케냐의 그 마을 사람들은 눈을 발견할 것일까?"

"처음 본 게 틀림없다면 발견했다고 볼 수 있지만, 눈이란 건 이미 알려져 있는 거잖아요. 그림이나 사진으로 본 사람도 많을 테고. 또 마을 사람들만 보지 못했을 뿐이지, 대부분의 사람들은 눈을 본 적이 있으니까 발견이라 하기에는 좀 곤란한 느낌이에요. 그 경우엔 케냐 사람들이 눈을 발견한 게 아니라, 눈이 케

너를 에베레스트라고 부르겠노라~
넌 나의 발명품♥
설마……
그건 발견이지! 발명은 이런 거라고!
따닥
에구~
아이젠
모자
등산화
장갑
창조의 고통을 겪어야 발명이라고. (에헴~)

냐 사람들을 발견한 게 아닐까요?”

“아주 재미있는 표현이로구나. 비록 케냐 사람들은 눈을 처음 봤다고 하더라도, 모든 사람에게 동시에 나타나는 자연 현상 같은 것을 발견했다고 표현하는 건 어색하겠지.”

“이모 말씀대로 눈이 나타났으니 케냐 사람들이 눈을 발견한 게 아니라, 눈이 케냐 사람들을 발견한 것이라니까요.”

“그래, 네 말이 옳다고 하자. 네 표현이 훨씬 멋있으니까. 그런데 발견의 주체는 누구지? 무엇을 발견한다고 할 때, 누가 발견한다는 말이지?”

“사람이요, 우리 인간들.”

“사실 인간이 아닌 다른 동물들, 심지어 식물까지도 발견을 하고 있을 거야. 인간이 볼 수 없고 인식할 수 없는 것 중에 다른 생물이 알 수 있는 것도 많을 테니까 말이야. 하지만 우리가 무엇을 발견한다고 하고 거기에서 어떤 의미를 찾으려 한다면, 그 발견의 주체는 항상 우리 인간일 수밖에 없어. 조금 전에 네가 ‘눈은 이미 알려져 있는 것이니까 케냐 사람들이 처음으로 눈을 보았다 하더라도 발견이라고 하기엔 곤란하다’고 했어. 그 말도 발견의 주체를 인간으로만 한정하면 맞는 말이야. 이미 알려져 있다는 건 인간들에게 널리 알려져 있다는 뜻이니까.”

“무슨 말씀인지 알겠어요. 그런데 케냐 사람들만 두고 본다면, 그 마을 사람들 전체가 동시에 눈을 봤다고 하더라도, 굳이 발견이라고 하지 못할 이유는 없잖아요."

"맞아, 맞아. 발견이란 말의 의미를 그렇게 엄격하게 따져 해석할 건 아니야. 필요한 정도에 맞추어 말의 의미를 해석하고 사용할 수도 있어. 이제 발견은 잠시 접어 두고, 발명으로 넘어가 보자. 발명 이야기를 하다 보면 다시 발견의 새로운 의미가 드러날지 몰라."

"발명 이야기가 더 재미있을 것 같기도 해요. 전에 없던 것을 새로 만들어 내거나 생각해 내는 게 발명이니까요."

"없던 것을 처음으로 만드는 일이 발명이라면 〈눈꽃송이〉 노래도 발명한 것일까?"

"글쎄요. 발명이란 말의 의미에는 맞는 것 같은데, 왠지 좀 어색해요."

"창작이나 창조란 어휘도 발명과 같은 뜻을 가지고 있어. 하지만 말을 사용하는 습관에 따라 잘 어울리는 경우가 있고 그렇지 않은 경우가 있는 것 같아. 그럼 네가 발명의 예를 들어 보렴."

"그건 쉬워요. 인간이 만들어 낸 건 모조리 발명품이니까요. 눈은 만든 것이 아니지만, 눈길에 미끄러지지 않고 잘 걸을 수 있게 만든 이 등산화는 발명한 것이지요."

"그 등산화는 무엇으로 만들었지?"

"바닥은 고무, 발목을 감싸는 부분은 가죽, 끈은 실이나 천으로 만들었지요."

"고무와 가죽, 그리고 실은?"

"그것도 모두 처음엔 발명한 것이죠."

"좋아. 그중에서 우선 가죽만 보자. 내가 알기엔 등산화에 사용되는 건 쇠가죽이야. 쇠가죽이 발명품이라면, 소는?"

"소는 인간이 만든 게 아니니까 발명한 것은 아니네요. 신의 발명품이라면 할 수 없지만요."

"소도 인간의 지능과 기술을 이용해서 종자를 개량하고 유전자를 조작하는 방법으로 태어나게 한다면 조금 사정이 다를 수도 있어. 그런 특별한 경우는 제쳐 두고 우리 인간을 기준으로 하면, 소는 발명 이전의 단계고 쇠가죽부터는 발명 이후의 단계라고 할 수 있겠다."

"죽은 소의 껍질을 벗겨 그걸 신발 만드는 데 이용했으니까 발명이 된다는 거죠."

"그래. 그런데 그것도 세분화해서 볼 수도 있어. 죽은 소의 가죽을 벗겨 바로 신발을 만들 수 있을까?"

"적어도 털은 없애야겠죠."

"원시 시대에 짐승의 가죽을 처음 이용할 땐 벗긴 채로 적당히 말려 그대로 사용했을 거야. 하지만 가죽을 여러 용도로 사용하게 된 것은 무두질을 할 줄 알게 되면서라고 할 수 있어.

"무두질이요?"

"벗겨 낸 가죽에서 털도 제거해야겠지만, 안쪽에 남은 살점이

나 기름, 수분을 깨끗이 없애야 해. 보통 탄닌산이 든 물에 담그
거나 암염으로 문지르는 방법을 사용하지. 그런 다음에 가죽을
부드럽게 만들기 위해 적당히 두들겨서 가공한단다. 이런 과정
을 무두질이라고 해."

"무두질을 해야 제대로 가죽을 사용할 수 있게 되는군요. 그
러니 무두질도 발명한 것이네요?"

"맞아. 무두질도 인간이 생각해 낸 가죽의 가공 방법이야."

"가만 생각해 보니, 인간은 발견한 것을 이용해 발명을 해내는
군요."

"대체로 그렇다고 할 수 있겠구나. 하지만 반대의 경우도 있어.
오직 발견하기 위해 발명에 힘을 쏟기도 해."

"어떤 경우가 그렇죠?"

"옛날부터 사람들이 가장 궁금해하는 것 중의 하나가 세상 만
물은 무엇으로 만들어졌느냐 하는 것이었어."

"저도 그게 가장 궁금해요."

"그래서 예로부터 철학자와 과학자들은 물질을 쪼개고 또 쪼
갰단다. 그렇게 해서 더 이상 쪼갤 수 없는 상태의 물질을 찾아
내게 되면 그게 만물의 근원이라고 믿었지."

"그렇게 찾아낸 게 분자와 원자잖아요."

"한때 원자는 이름 그대로 더 쪼갤 수 없는 존재였단다. 하지
만 현대의 물리학자들은 원자 속에서 쿼크라는 걸 발견해 냈어.

지금은 쿼크의 종류만 해도 수십 가지야."

"그 작은 것들을 어떻게 쪼갤 수 있었지요?"

"지금 말하려고 하는 게 그거야. 쿼크와 같은 존재는 너무 미미하여 우리는 볼 수도 만질 수도 느낄 수조차도 없어. 물리학자들만 알고 있는 아주 작은 것이어서 미립자 혹은 소립자라 부르기도 해. 그런데 그걸 서로 부딪히게 하면 깨어지거나 다른 현상이 일어나지 않을까 생각하는 거야."

"미립자끼리 서로 부딪히게 한다고요?"

"서로 부딪히게 하면 깨어지거나, 열이나 빛을 방출하는 현상이 일어날 거야. 그걸 잘 관찰하고 분석해서 미립자는 무엇으로 만들어졌는가를 추리하는 거지. 우리가 볼 수도 느낄 수도 없는 것을 물리학자들은 측정해 내는 기술을 가지고 있단다. 쿼크도 그런 방식으로 발견하게 됐어."

"미립자를 서로 충돌시키려면 뭔가 도구가 필요하겠군요."

"그렇지. 미립자를 충돌시키기 위해서는 몇 가지 중요한 조건이 있어. 우선 미립자가 아주 강한 속도로 달릴 수 있어야 해. 달릴 수 있는 트랙을 아주 길게 만들어 가속도를 충분히 낼 수 있도록 하는 거지. 주변의 환경에 영향을 받지 않아야 하니까 아주 특별한 소재로 잘 만들어야 해. 그런 장치를 입자 가속기라고 하는데, 최근에 만든 스위스 제네바의 LHC라고 하는 입자 가속기는 그 둘레만 무려 27킬로미터야."

“27킬로미터요?”

“그걸 만드는 데는 수조 원이 들었겠지.”

“대단하군요! 그러니까 만물의 근원이 되는 비밀을 발견하기 위해 엄청난 기구를 발명한 것이군요.”

“마무리는 항상 네가 하는구나. 저기 사람들이 모여 있는 휴게소가 보이는 걸 보니 다 온 모양이다. 여기 바위 위의 눈을 치우고 걸터앉아 좀 쉬자꾸나. 그러면서 지금까지 했던 이야기를 정리해 볼까?”

“그래요, 약간 숨이 차니까 제 호흡도 좀 정리해야겠어요.”

“네가 보기에 발견이나 발명이 인간의 생활에서 어떤 의미를 가지는 것 같니?”

“아주 재미있어요. 발명이나 발견의 역사를 공부해 보면 신기하고도 놀라운 게 아주 많을 것 같아요.”

“인간 삶에 재미를 더해 주는 의미만 있을까?”

“재미보다는 편리함을 더해 주겠지요. 발명은 인간의 호기심과 끈기 있는 노력에 의해 이루어지는 것이고, 그 결과는 반드시 사람의 생활에 도움이 돼요. 발명은 이미 있는 것들, 그러니까 발견된 것들을 가지고 해내지요. 그런데 때로는 발견을 하기 위해 도구를 발명하기도 한다고 했어요. 석유를 찾아내기 위해 시추 기구를 만드는 예도 있네요.”

“그래, 그 말이 듣고 싶었다. 발견이든 발명이든 모두 인간의 진지한 노력이 만들어 내는 결과란다. 우주 속의 먼지가 뭉쳐 지구가 생기고, 지구의 수많은 생명체 중의 하나로 인류가 탄생하여 자연의 환경에 적응하면서 살아가는 모습은, 상상만 해도 숭고하고 근엄한 기분을 느끼게 하지 않니? 발견과 발명은 인간이 험난한 자연과 세계에 적응하기 위한 노력의 결정체라고 할 수 있어. 모두 인간의 두뇌와 두 손을 사용하여 만들어 냈고, 앞으로도 계속 만들어 갈 기적이지."

"그러니까 발견의 대상이 되는 건 인간이 만들기 전에 이미 만들어져 있는 것이니까, 이모 말씀대로 자연이군요."

"단순하게는 그렇지. 복잡하게 말하자면 끝이 없을 테고. 인간도 자연의 일부이니, 인간이 자연의 요소들을 마음대로 섞고 가공해 만든 것도 넓게 보면 자연의 일부에 불과한 소박한 물건일 수 있어. 자연이니 인공이니 하는 구분도 결국 인간을 기준으로, 인간 중심으로 판단한 거니까. 인간의 기발한 아이디어나 집요한 노력은 거의 자연을 모방하려는 데서 비롯하는 것 같아."

"자연을 모방한다고요?"

"인간의 발명품 중에 비행기를 보렴. 아주 경이로운 발명품이지. 인간은 어떻게 하늘을 날아보려는 생각을 했을까? 비행기는 바로 새를 흉내 낸 결과라고 할 수 있겠지."

"카메라가 사람의 눈을 흉내 낸 것처럼요."

"인간의 역사에서 획기적인 발견들이 있을 테지만, 그중 누구나 첫 번째로 꼽을 수 있는 게 불이야. 프로메테우스가 인간에게 선물했다는 신화도 불의 중요성을 일깨워 주기 위해 만든 것일 거야. 불은 발견한 것일까, 발명한 것일까?”

“발견한 것이죠. 그런데 조금은 문제가 있을 것 같군요. 불에도 종류가 있으니까요.”

“기현이 너는 눈치도 빠르지만 생각도 그만큼 빠르단 말이지. 불은 자연의 현상이니까 인간으로서는 신이 준 선물이라고 할 수밖에 없을 거야. 원시 시대의 인간이 최초로 불을 발견한 순간이 있을 거야. 번개가 쳐서 나무가 탔을 테고, 어쩌다 숲이 불길에 휩싸였을 테지. 그리고 어느 순간 그 불씨를 보관하는 방법을 알아냈을 거야. 그 다음의 순서는 뭘까?”

“불씨를 보관하는 방법을 알아낸 것도 발명이 하나겠네요. 그 나음엔 드디어 불을 만들 순서예요, 부싯돌로!”

“지금 우리에게 불이 없는 생활이란 상상조차 할 수 없어. 하지만 인류가 처음 지구에 살기 시작했을 때부터 불을 사용하진 못했을 거야. 자연에서 불빛과 열 그리고 불을 발견하고, 자연의 불을 모방하여 불을 만들 수 있게 된 거지. 인간이 만든 불에는 어떤 것들이 있지?”

“성냥, 라이터, 전기, 가스, 석유, 전자 그리고 원자력까지요.”

“예도 정말 잘 드는구나. 네가 말한 것들은 모두 불의 도구, 불을 만드는 수단이지. 17세기 후반에는 적은 양의 인 성분을 돌로

쳐서 일어나는 불꽃을 유황 묻힌 나무 부스러기에 붙였대. 그런 다음 그 불을 재빨리 난로에 옮겨 붙였는데, 그런 방법은 냄새도 많이 났지만 화재의 위험이 커서 널리 사용되지는 못했다고 해. 실제로 집을 홀랑 태워 버리는 사고도 많이 났을 테지. 인은 저절로 발화하거든. 그러다가 여러 사람들이 연구한 결과, 안전한 마찰식 성냥을 만드는 데 성공했단다."

"지금처럼 성냥개비를 문질러 불을 일으키는 성냥 말이죠?"

"그래, 인이 묻은 성냥개비를 마찰제가 발린 곳에 대고 문지르면 불꽃이 생기게 되지. 안전한 마찰식 성냥은 1848년 독일의 뵈트거가 만들었다고 하는데, 획기적 사건이었어. 지금처럼 작은 휴대용 성냥은 20세기에 들어와서 스웨덴의 룬드스트럼이란 사람이 개발한 것이란다."

"호주머니에 넣을 수 있는 휴대용 성냥은 대인기였겠어요."

"그렇지는 않았어. 휴대용 성냥이 처음 생산됐을 때 대부분의 사람들은 판매를 반대했단다. 법으로 성냥 제조와 판매를 금지해야 한다고 요구하기도 했어. 왜 그랬는지 아니? 도둑들이 사용할 수 있다는 이유 때문이었어. 반대 여론이 굉장히 거셌지만, 사람들이 편리하게 사용하는 바람에 막을 수가 없었던 거지. 제1차 세계 대전이 터지자 전장에 끌려간 젊은 병사들은 죽음의 공포와 고향에 대한 그리움을 잊기 위해 휴대용 성냥으로 담뱃불을 붙였단다."

"대단한 발명품이 법으로 금지될 뻔했다는 게 재미있네요."

"과학이 달려가는 길과 법이 생각하는 방향은 다를 때가 많단다. 성냥 중에 일부 제품은 20세기 후반에도 많은 나라에서 법으로 금지하기도 했어. 한때 젊은이들에게 크게 유행했던 딱성냥이란 게 있었단다. 그건 성냥개비를 아무 데나 대고 문지르면 불이 붙었어. 구두 뒤축이나 손톱에 그어 불을 붙이기도 했으니까. 그런데 딱성냥의 재료인 황화인을 만들 때 발생하는 공해가 노동자들 건강에 좋지 않다고 해서 우리나라에서도 만드는 것이 금지됐단다."

"이제 드디어 법이라는 말이 나왔어요. 산을 다 올라와서 쉬고 내려갈 때가 되었는데 말예요."

"이제야 뭔가 우리가 토론할 본론의 입구에 도착한 것 같구나. 그래도 우리의 긴 서론이 쓸데없는 수다는 아니었을 거야. 그걸 우리 둘만의 사이에서라도 증명해 보자꾸나."

"좋아요. 오늘 밤 이모께서 또 일찍 주무시지 못하게 할 질문이 떠올랐어요. 법이란 것도 어떤 발견이나 발명품 못지않게 우리 생활에 필요한 것이라고 가르쳐 주셨잖아요. 그러면 법은 원래 있던 것을 발견한 것인가요, 인간이 만든 것인가요?"

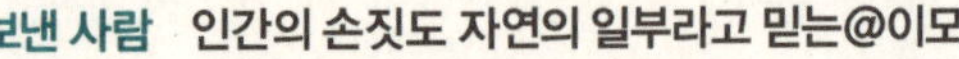

기현아, 이모가 급하게 연락할 일이 생겼다. 요즘 유행하는 식으로 말하면 번개 제안이란다. 이번 금요일 저녁에 특별한 일이 없으면 연극을 보러 가자.

너와 함께 보려는 작품은 〈자연과 인간〉이란 극단에서 만든 《안티고네》란다. 아주 오래된 소포클레스의 희곡을 원작 그대로 공연한다니 너와 함께 꼭 가 보고 싶구나. 이 연극에 내가 너에게 하려던 이야기의 중요한 부분이 나오거든.

대학로에 있는 소극장 〈희극과 비극〉에서 하니까, 저녁 6시까지 내 사무실로 오면 된다.

이모께.

포도를 먹으면서 이모 메일을 읽었어요. 너무 기쁜 나머지 달콤한 포도즙과 함께 포도 한 알을 그냥 삼켜 버리고 말았어요. 초등학교 때《오즈의 마법사》같은 어린이 뮤지컬 몇 편을 제외하면 연극이란 걸 본 적이 없거든요. 영화는 많이 봤지만, 연극을 볼 기회가 없었던 거죠. 그러니 좀 흥분되네요.

《안티고네》는 이름을 들어 보긴 했어도 어떤 내용인지는 몰라요. 설레는 마음으로 안티고네를 만날 거예요.

연극 《안티고네》를 이해하기 위한 배경 지식

"이모 차를 타고 가자. 퇴근 시간이라시 길이 좀 막히긴 하겠지만, 그래도 한 시간 남짓이면 대학로에 도착할 거야. 지하철 갈아타고 가는 것보다 더 빠를 수도 있어."

"저야 지하철이든 버스든 상관없어요. 하지만 이모 차를 타고 가는 게 좋은 이유는 단순히 편하기 때문만이 아녜요. 가는 동안 차 안에서 얘기할 수 있다는 사실이 중요해요."

"안전벨트 맸지? 출발한다."

"그런데 이모,《안티고네》란 연극 말예요. 이모께서 제게 하고 싶은 얘기가 있어서 보자고 하시는 건데, 어떤 내용인지 저는 전혀 몰라요."

《안티고네》는 모든 사람에게 흥미롭고 재미있는 연극은 아냐. 지난번에 너와 약속한 이야기를 하려면 이 연극의 한 장면이 필요하거든. 그런데 마침 연극 공연을 한다길래 함께 보러 가는 거란다. 부담 없이 보다가 내가 신호를 보내면 그 장면을 잘 기억해 두면 돼.”

“안티고네는 여자 주인공 이름이죠?”

“맞아. 고대 그리스 희곡은 단순한 연극 대본이 아니란다. 대부분 당시의 사회 모습을 잘 살펴볼 수 있도록 이야기가 꾸며져 있어. 역사 교과서 구실을 한다는 의미지. 신화나 전설을 현실에 끌어다 다루면서 인생의 지혜를 넌지시 가르쳐 주기도 해.”

“저는 이모와 이야기하면서 그런 지혜를 배워요.”

“그렇게 말해 주니 고맙구나. 너도 점점 커 가면서 네 스스로 공부하는 법을 터득하게 될 거야. 이제 중학생인데도 그런 조짐이 많이 보이는걸. 오늘 보려는《안티고네》를 조금 재미있게 즐기려면, 소포클레스의 다른 희곡 두 편의 줄거리를 알아 둘 필요가 있어.”

“그게 뭐예요?”

“우선《오이디푸스 왕》이야. 내용을 들어 보면 너도 어디선가 한 토막 정도는 읽은 적이 있을 거야. 또 하나는《콜로노스의 오이디푸스》란 작품이야. 그 이야기들은 서로 이어지는데,《안티고네》는 세 작품 중 제일 마지막 이야기지.”

"그럼 극장까지 가는 동안《오이디푸스 왕》과《콜로노스의 오이디푸스》이야기를 해 주세요. 운전 조심하시면서요."

"대학생쯤 되면 틀림없이 네가 찾아 읽을 테니, 오늘은《안티고네》를 이해하는 데 필요한 줄거리만, 그것도 간단히 요약해서 들려줄게."

"좋아요."

"오이디푸스는 테베의 왕 라이오스의 아들로 태어났지만, 나중에 아버지를 죽이고 어머니와 결혼하게 된다는 신탁 때문에 태어나자마자 산속에 버려졌단다. 이집트의 룩소라는 곳의 옛 이름이 테베인데, 연극의 무대가 바로 그곳인지는 잘 모르겠구나. 어쨌든 버려진 아기를 불쌍히 여긴 양치기가 오이디푸스를 코린토스라는 나라로 보냈고, 오이디푸스는 그곳의 왕 폴리보스의 아들이 되었지. 무럭무럭 자라난 오이디푸스는 어느 날 자기에게 저주처럼 내려진 신탁에 대해서 알게 되지. 오이디푸스는 끔찍한 운명을 피하기 위해 스스로 코린토스를 떠나기로 해."

"폴리보스 왕은 오이디푸스의 친아버지가 아니잖아요."

"역시 넌 똑똑하구나. 이야기를 계속 들어 보렴. 정처 없이 방황하던 오이디푸스는 우연히 길에서 라이오스를 만나게 되고 그와 시비가 붙게 돼. 당연히 그가 자신의 친아버지인 줄도 모르는 오이디푸스는 그만 라이오스를 죽이게 되지. 이후 오이디푸스는 스핑크스의 수수께끼를 푼 다음 테베의 왕위에 오르게 되고, 홀로 남은 왕비 이오카스테를 아내로 삼지. 그 사람이 자신의 어머니라는 것을 모른 채 말이야.”

“결국 신탁이 맞아떨어진 거군요!”

“그렇단다. 오이디푸스와 이오카스테 사이에서 낳은 두 딸이 바로 안티고네와 이스메네야. 나중에 모든 사실을 알게 된 오이디푸스는 참혹한 진실을 앞에 두고 자신의 두 눈을 찔러 버리고 만단다.”

“정말 끔찍한 운명이네요. 그럼《콜로노스의 오이디푸스》는 그 다음 이야기인가요?”

“맞아. 장님이 된 오이디푸스는 안티고네와 이스메네를 길잡이로 앞세우고 테베를 떠나 다시 방랑길에 올라. 그러다 도착한 곳이 콜로노스였어. 콜로노스는 희곡을 쓴 소포클레스의 고향이기도 하지. 한편 테베에선 안티고네의 두 오빠 폴류네이케스와 에케오클레스가 왕위를 놓고 싸우다 둘 다 죽고 말아. 그 사이에 테베의 왕좌는 안티고네의 외삼촌 크레온이 차지한단다. 그런 복잡한 사건들이 벌어지는 동안 비운의 주인공 오이디푸스도 콜로노스에서 한 많은 최후를 맞이하는데, 그게 바로《콜로노스의 오이디푸스》야.”

"글로 쓰인 것은 아니지만, 확고한 하늘의 법이 있다고 믿습니다"

작은 극장의 무대는 소박해 보였다. 눈부시고 화려한 장식이나 도구는 거의 눈에 보이지 않았다. 배경에 흐릿하게 그려 놓은 왕궁의 담벼락 정도가 전부였다. 그래도 연극을 처음 보는 기현이는 그 광경이 실망스럽지 않았다.

연극이 시작되자 기현이는 저도 모르게 배우들의 연기에 빠져들었다. 조금 과장된 듯하면서도 진지한 동작과 그에 어우러지는 또렷한 발음은 마치 시를 낭송하는 것처럼 보였다. 공연을 보기 전에 이모로부터 《오이디푸스 왕》과 《콜로노스의 오이디푸스》 줄거리를 들었기에, 무대 위에서 펼쳐지는 《안티고네》는 아주 익숙한 이야기처럼 느껴졌다.

테베의 왕이 된 크레온은 새로운 명령을 내렸다. 서로 싸우다 죽은 두 형제 중 폴류네이케스의 장례를 치르지 못하게 한 것이다. 죽기 전에 반역을 꾀했다는 이유 때문이었다. 크레온은 폴류네이케스의 시신을 길에다 버려두고 새나 개가 뜯어 먹도록 하였다. 만약 그 명령을 어기는 자가 있으면 돌로 쳐서 처형하겠다고 선언했다.

안티고네는 오빠의 시신을 길바닥에 버려두는 짓은 도리에 어긋난다고 생각했다. 시신을 거두어 매장하자고 제안했으나, 가련한 동생 이스메네는 두려움에 떨고 있을 뿐이었다.

"이스메네, 나의 동생아! 나를 도와 다오. 우리 함께 오빠의 시신을 옮기자꾸나."

"왕이 온 나라 사람들에게 금지령을 내렸는데? 우리는 강한 자의 지배를 받고 있어. 이보다 더 가슴 아픈 명령에도 복종할 수밖에 없어."

"그렇다면 나 혼자 하겠어. 그 일로 내가 죽는다면 난 오히려 행복할 거야."

"안티고네 언니, 내겐 국가를 상대로 싸울 힘이 없어."

기현이는 조금씩 흥분되기 시작하였다. 기현이가 짐작한 대로 안티고네는 크레온의 명령에 굴하지 않고 혼자만의 결단을 내렸다. 어두운 밤에 오빠의 시신을 거두어 깨끗하게 묻어 준 것이다. 그 사실이 알려지자 크레온은 크게 화가 났다. 불호령이 떨어졌고, 안티고네는 크레온의 앞에 끌려갔다. 바로 그때 이모가 기현이의 옆구리를 살짝 찔렀다. 이 장면을 기억해 두라는 신호였다.

크레온 감히 네가 법을 어겼단 말이냐?

안티고네 네. 그러나 그 법을 저에게 내리신 분은 제우스 신이 아니었습니다. 정의의 신은 그런 법을 사람이 사는 세상에 정해 놓지 않았습니다. 저는 비록 글로 쓰인 것은 아니지만, 확고한 하늘의 법이 있다고 믿습니다. 왕의 법만 있다고는 생각하지 않습니다.

불쌍한 우리 오빠…….
자, 얼른 반대쪽을 들도록 해라.
그건 불법이잖아.
난 못 해…….
안티고네→
덜덜
빨리 못 들어?
죽을래?
못 해!
언니 혼자 알아서
하슈!
헉!

보낸 사람

'있는 것'에 대한 생각을 '만들어 내기' 좋아하는 @이모

받는 사람

《안티고네》를 보고 난 뒤의 @기현

참조

있는 법과 만든 법이 궁금한 모든 친구들

제목

자연법과 실정법

법은 원래부터 있던 것일까, 아니면 인간이 만든 것일까? 이렇게 묻는다면 누구나 법은 만든 것이라고 대답할 거야. 실제로 국회에서 법을 만들고 있으니까. 그렇다면 싱겁게도 이 문제에 대해선 더 얘기할 거리가 없어지고 말아.

이렇게 질문을 던져 보면 어떨까. 법이란 인간이 필요에 따라 만드는 것이긴 한데, 인간이 만든 법 외에 다른 법은 없는 걸까? 이번에는 그런 법은 없다고 쉽게 대답하진 못할 거야. 뭔가 다른 게 있을지도 모른다는 생각 때문에 고민에 빠지게 되지.

인간이 만들지 않은 완벽한 법이 있다면

국가에서 필요한 법을 입법부인 국회에서 만드는 것은 당연한 일이지. 우리는 법이 질서를 유지하게 하고, 그러는 가운데 정의가 조금씩 이루어지리라 기대한단다. 이렇게 국회에서 만들어서 우리 생활에 적용하는 법을 실정법이라고 해.

국회가 법을 만들기 전에는 어디에서 누가 법을 만들었을까? 주권이 국민에게 돌아오기 이전의 시대를 생각해 보면 되겠지. 왕이 모든 권한을 쥐고 있던 시절엔 왕이 법을 만들었어. 왕의 명령이 바로 법이었지. 이 순간에 《안티고네》의 그 장면을 한번 떠올려 봐. 안티고네가 말한 '왕의 법'이 바로 왕의 명령으로 만들어진 법이야.

　왕이 만든 법과 국회가 만든 법 중에서 어떤 것이 더 믿을 만할까. 왕이 만든 법이라고 모조리 나쁜 것은 아니지만, 한 사람이 모든 권한을 가지고 법을 만들다 보면, 간혹 국민의 이익보다 자신의 욕망을 먼저 생각하는 경우가 생길 수밖에 없겠지. 국회의원은 잘못이 있으면 다음 선거에서 뽑지 않을 수 있지만, 왕은 마음대로 바꿀 수도 없잖아.

　국회의원은 국민의 투표에 의해 선출되었으니, 국회가 만드는 법은 항상 만족스러울까? 그렇지 않다는 건 누구나 짐작할 수 있겠지. 경험으로 알고 있기도 하고 말이야. 법이 국민 생활을 편리하게 하기는커녕 국민에게 고통을 주는 경우도 발생한단다. 또 국민들 사이에서는 물론 국회의원들 사이에서도 서로 법에 대한 생각이 많이 다를 수도 있으니, 모두가 원하고 누구에게나 이익이 되는 법을 만들기란 참 쉽지가 않아. 그래서 만들어 사용하던 법을 고치거나 아예 없애 버리기도 하는 거란다.

　법을 만들고, 고치고, 없애고, 새로 만드는 일은 왜 생길까. 아마 우리 인간이 하는 일이어서 그럴 것이라고 생각할 수 있겠다. 사람이 하는 일이니 실수할 수도 있고, 또 예상하지 못한 사태가 일어나 만들어 놓은 법이 쓸모없게 되기도 하지.

　그렇다면 사람이 만들지 않은, 애당초 존재하던 법이란 도대체 어떤 것이지? 사람이 만들지 않은 것들에는 어떤 것들이 있었는지 떠올려 보자. 노래 〈눈꽃송이〉, 등산 장비, 무두질한 쇠가죽 같은 건 만든 것이고, 눈이나 에베레스트 산, 소는 만들지 않은 것이라고 했지. 그런데 만들지 않았다는 건 사람이 만들지 않았다는 것이지, 만들어지지 않은 것이라고 단정할 수 있을까?

인간이 만들지 않았다면, 인간 아닌 다른 존재가 만들었을 수도 있잖아. 가령 신이 만들었다고 생각할 수도 있을 거야. 어느 특정한 종교의 신이 아니더라도, 조물주 같은 신 말이야. 만약 신이 만든 법이라면 아주 완벽하지 않겠니? 만약 그런 법이 있다면 우리는 행복할 거야. 법을 의심하거나 고칠 필요도 없이 잘 지키기만 하면 되니까. 사람들은 분명 그런 법이 있을 것이라고 믿기도 한단다. 믿는다기보다, 있었으면 하고 강렬히 바라고 있는지도 모르지.

인간이 만든 것처럼 한계가 있는 것이 아니라, 완벽한 존재가 만들었기 때문에 누구나 반드시 따라야 하는 법. 그런 법을 자연법이라고 한단다. 안티고네가 크레온에게 대항하며 외쳤던 대사에 나오는 '하늘의 법'이 바로 자연법을 의미해.

자연법이 있다면 어떤 점이 좋을까. 우선 우리는 그 법을 따르고 지키기 위해 노력하게 될 거야. 자연법은 그 자체가 옳은 것이고 반드시 이루어져야 할 것이니까 그걸 지키기만 하면 정의는 저절로 실현되는 거지. 자연법이 바로 인간의 목표가 되고 최고의 가치가 되니, 얼마나 행복하고 편리하겠어.

또한 자연법은 아주 엄격하고 분명한 기준이 된단다. 우리가 실제 생활에 필요한 실정법을 만들 때, 그 법이 자연법에 맞는지 어긋나는지를 판단할 수 있게 된단 말이야. 그래서 자연법에 들어맞는 법만 만들면, 우리의 모든 법은 의심할 필요가 없는 바른 법이라는 보장을 받을 수 있어. 어쩌다가 실수로 내용이 좀 의심스러운 법을 만들어 사용하더라도, 언제든지 그 법이 옳은지 그른지 자연법에 비추어 볼 수도 있어. 자연법에 어긋난다는 사실을 발견하게 되면, 그 법은 고치든지 없애든지 하면 되는 거지. 자연법은 실정법을 비추어 보는 거울이 된다는 거야.

자연법은 우리 안에 있다, 다만 보이지 않을 뿐

이제 꽤 중요한 물음을 던질 차례다. 자연법은 과연 어디에 있는 걸까. 우리가 만든 것이 아니고 이미 있는 것이라면, 우리는 어디서 그 자연법을 발견할 수 있을까. 자연법을 찾아야 그걸 지키든지, 베껴서 실정법을 만들든지 할 텐데 말이야. 실제로 자연법을 본 사람은 있을까, 자연법은 어디에 숨어 있을까?

자연법은 절대적으로 좋은 것이고, 우리에게 아주 유용하며, 또 반드시 필요한 것이기도 하단다. 그런데 자연법은 그 이름만 있을 뿐이고, 자신의 모습을 드러낸 적이 없단다. "나쁜 짓을 하

면 안 돼."라든지, "반드시 옳은 행동을 해야 돼."라고 말할 뿐이
란다. 그러면서 무엇이 나쁜 짓이고, 무엇이 옳은 행동인지는 일
일이 가르쳐 주지 않아. 그런 복잡하고 귀찮은 일은 우리 보고
알아서 하라는 것 같아. 눈에 보이지 않지만 존재하는 것, 그것
을 믿는 사람에게는 확실하게 느껴진다는 점에서, 천사 같기도
하고 유령 같기도 한 게 자연법이란다.

　자연법이란 존재의 실체를 분명히 말할 수 없으니까 우리에겐
고민이 많이 생겼어. 정치인들이 법을 만들 때마다 싸우는 걸 보
면 짐작할 수 있잖아. 그러다 보니 자연법이 아예 존재하지 않는
다는 사람들이 있는가 하면, 자연법은 당연히 존재한다고 목에
힘을 주는 사람들도 많아. 우리가 아직도 자연법을 제대로 발견
하지 못했다면, 자연법은 정말 없는 게 아닐까?

　마지막으로 질문을 하나만 더 해 보자. 만약 자연법이 실제로
존재하지 않는다면 어떻게 되는 거지? 주권이 왕에게 있던 시절
로 돌아가 보자. 왕의 명령이 법이라면, 어떤 명령이라도 무조건
따라야 한다는 말이 되잖아. 왕의 명령이 옳은지 그른지 구별할
기준이 없으니까. 옳은 명령을 하는 왕과 옳지 않은 명령을 하는
폭군을 구별해 주는 것이 바로 자연법이기 때문이지. 그렇다면
자연법은 반드시 필요한 것처럼 보이는데 말이야.

　주권이 국민에게로 넘어와서도 마찬가지야. 국민의 권한에 따
라 일을 대신 맡아 하기로 약속한 국회에서 법을 만든 경우엔

아무 문제가 없을까? 만약 이런 법을 만들었다고 생각해 봐.

이런 법은 아주 당연한 내용인 것처럼 보이지. 그런데 그 다음에 이런 구절을 가져다 붙이면 어떨까.

누구라도 그건 말이 안 된다고 단호하게 손을 내젓겠지. 어느 누가 그런 법을 만들겠냐고 웃는 사람도 있겠지. 하지만 실제로 그런 법을 만든 경우가 있단다. 독일의 히틀러도 그런 법을 만든 사람 중 하나잖니.

우리가 "그건 말이 안 돼."라고 하는 이유는 무엇이지? 바로 그 순간 자기도 모르게 마음속에 있는 거울에 그 법의 옳고 그름을 비추어 보았기 때문이야. 마음속 거울을 양심이라고 부를 수도 있겠지만, 자연법이라고 할 수도 있는 거야. 안티고네의 가슴속에만 자연법이 있는 게 아니라, 모두의 가슴속에 자연법은 살아 있단다. 다만 보이지 않을 뿐이야.

자연의 이치를 본받아 법을 만들어야

《안티고네》를 보고 뭔가 또 느낀 게 없니? 자연법이란 게 존재한다고 믿는다면, 자연법은 사람들에게 불꽃 같은 용기와 힘을 가져다주기도 한단다. 안티고네가 크레온 앞에서 굴복하지 않고 당당하게 맞선 것도 자연법이라고 할 수 있는 신의 법을 믿었기 때문이야. 자연법이 보이지 않기 때문에 실제로 있는 것인지 의심이 들 수도 있지. 그렇지만 그것이 필요하기 때문에 우리는 자연법이 있다고 믿을 수밖에 없어.

자연법은 자연 그 자체는 아니란다. 하지만 자연법은 자연의 법칙과 비슷한 면이 있어. 불이 붙는 현상, 그 자체는 자연의 법칙에 따른 것이야. 자연 현상은 우리에게 아주 유용하기도 하고, 때로는 재앙이 되기도 하지. 음식물을 익히고, 어둠을 밝히는가 하면, 필요 없는 것들을 태워 버릴 때 불은 아주 이로운 존재야. 하지만 난데없이 우리의 재산과 생명을 앗아 갈 때는 가장 위험한 흉기가 되기도 하잖아.

우리 인간은 그 불을 어떻게 사용하느냐에 관심이 있어. 무엇을 태울 것이냐, 또는 무엇을 타지 않게 잘 보호할 것이냐 선택하기를 원하지. 그런 능력이 있기 때문에 인간은 불을 도구로 사용하여 문명을 이루게 되었어. 불을 어디에 어떻게 사용할 것인가는 우리가 직접 결정해야 하는 문제인 거야.

무엇인가를 태우고, 빛을 내어 주위를 밝히고, 열을 가하여 익히거나 따뜻하게 할 수 있는 불의 성질은 언제나 변함이 없어. 변함이 없다는 건 바로 자연법을 닮아 있어. 인간은 변함없는 불의 성질을 잘 이용해서 생활을 편리하고 풍요롭게 만들어 왔고, 앞으로도 그러할 것이야. 마찬가지로 우리는 자연법의 성질을 이용하여 행복한 삶을 가꾸어 나갈 실정법들을 만들어야 하는 거야. 그것이 우리의 의무야.

공자의 말씀을 모은 《논어》의 〈양화〉편에 이런 말이 있어.

하늘이 무슨 말을 하시더냐?
해와 달과 별들이 때 맞춰 돌아다니고
봄 여름 가을 겨울이 오고 가고
비와 눈 바람과 이슬이 내려 모든 사물을 자라게 하지만
하늘이 무슨 말을 하시더냐?

자연법을 만든 이는 하늘일 텐데, 하늘은 원래 말이 없는 법이잖니. 그러니 자연법이 있어도 번개나 빗줄기처럼 우리 눈앞에 나타나지 않는 것이야.

우리가 만든 법과 관계없는 다른 사물들은 자연의 이치에 따라 잘 살아 가고 있어. 자연의 이치를 잘 본받아 우리가 지켜야 할 법을 우리가 만들어야 해.

7

약속한 만큼 보호받는다?

삶의 **설계**를 도와주는 도구

이모께.

3월이 시작된 지 일주일이 지났어요. 저는 이제 2학년이 되었고요. 학년이 바뀌어서 그런지, 3월은 뭔가 확실히 달라요. 아침부터 저녁까지 기분이 전혀 다르거든요. 아파트 앞에 보이는 산의 나무들이 소리 없이 움직이는 것 같다고 해야 할까, 길가의 가로수에서도 봄 냄새가 나는 것만 같아요. 혹시 벌레들이 기지개를 켜고 기어 다니는지 자세히 들여다보기도 했다니까요.

봄을 맞아 이런 생각이 들었어요. 세상의 모든 것들이 약속을 한 것처럼 움직이고 있어요. 이게 바로 자연의 법칙인가 봐요. 자연의 법칙을 가장 잘 느낄 수 있는 계절이 봄이잖아요. 봄에는 세상의 만물이 어김없이 약속을 지키기로 맹세한 것처럼 보여요. 봄이 아름다운 이유는 온 세상의 살아 있는 것들이 약속을 지키기 때문일 거예요. 그렇다면 우리 사람들은 법을 잘 지키면 아름다운 사회를 만들 수 있을까요?

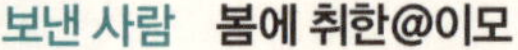

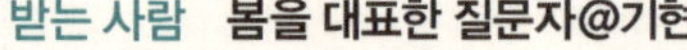

기현이에게.

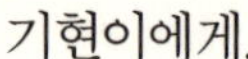
내게도 3월은 왔단다. 하지만 이제 봄이 시작되겠지 생각만 하고 있을 뿐 아직 봄을 제대로 즐기지는 못했단다. 바람이 불고 기온이 조금만 내려가도 내 어깨는 자라 목처럼 금방 움츠러들거든. 아마 나이 탓인가 봐.

그런데 네 메일을 받는 순간 나도 봄을 느낄 수 있게 된 것 같아 기쁘구나. 너보다는 내가 확실히 둔감한 모양이다. 내가 그동안 미뤄 둔 일과 새로 시작할 일에 정신을 빼앗기고 있는 동안, 너는 앞산의 변화를 발견했고 가로수 가지들의 기지개를 눈치챘으니 말이야.

기현이 너는 정말이지 생각하는 능력을 갖춘 꼬마 철학자라고 말해 주고 싶어. 쓸모 있는 생각은 가만히 눈을 감고 머리로만 하는 게 아니거든. 주변과 세상을 잘 관찰해야만 좋은 생각을 할 수 있단다. 그런데 넌 계절의 변화도 놓치지 않고 잘 보고 있구나. 더군다나 이런 시끄럽고 큰 도시에서 말이다.

서울 같은 도시가 아닌 시골에서는 봄이 펼쳐지는 모습이 그야말로 장관이란다. 이런 말을 하니까 갑자기 이모의 어릴 적 기억이 떠오르기 시작했어. 봄의 기운을 저절로 느끼게 하는 부드러운 바람이 불어오는가 하면, 어느새 들판에는 복수초꽃이 햇빛을 받고 있단다. 가까운 숲의 넓은잎삼나무의 이파리가 반짝이고, 그보다 한 발 앞서 장끼는 가까운 풀밭으로 내려와 울기 시작한단다. 박새가 이끼를 물고 나를 때 개구리가 뛰쳐나오고, 온갖 곤충과 동물들이 저마다 활동을 준비하지. 그 다음부터는 순서를 따지기 힘들 정도로 많은 생물들이 서로 다투어 가며 제 모습을 드러내면서 봄을 수놓기 시작한단다.

봄은 하두 가지의 모습으로 이루어지는 게 아니란다. 봄의 날씨를 배경으로 식물과 새, 초목과 곤충 그리고 숲과 덩치 큰 동물들이 한데 어울려 봄을 만드는 거지. 그 수많은 생물들은 약속이나 한 듯 제가 맡은 일만 하는데, 언덕에 서서 세상을 보면 놀랍게도 아름다운 봄의 정경이 펼쳐지는 거지. 오케스트라의 백 명 가까운 연주자들이 제각각 자기 악보의 음표에 따라 연주하면 청중들은 멋지게 짜인 교향악을 감상하게 되는 것과 마찬가지일 거야. 보면대 위에 놓인 악보의 음표만 해도 헤아릴 수 없이 많은데, 그 악보를 이 세상의 크기만큼 확대했다고 생각해 봐. 무수한 존재가 자기 역할을 하는 동안 세상은 조화롭게 펼쳐진단다. 그것이 이윽고 여름과 가을로, 다시 겨울을 거쳐 새 봄으로 끊임없이 이어지는 거야.

네 말대로 이 모든 것이 약속에 의해서 이루어지는 것 같다. 인간이 아닌 그 누군가가 제안하고 만든 약속을 만물이 지켜 나아가는 것이 이 세상이란다. 그걸 네 덕분에 새삼 깨달았구나.

보낸 사람 **약속이나 한 듯 답장을 쓰며@기현**
받는 사람 **마음의 상대방@이모**
참 조 **침묵의 약속을 아는 사람들**
제 목 **약속을 지키는 즐거움**

이모께.

제 메일을 받으면 이모께서 답장을 보내 주시고, 그걸 읽고 제가 다시 답장을 보내요. 이렇게 이어지는 편지와 답장은 서로 약속하지 않았는데도 잘 지켜져요. 마치 약속이라도 한 것처럼 말이에요.

이런 경우에는 약속이 전혀 안 된 게 아니라고 봐요. 말이나 글로 표시하지 않더라도 마음으로 하는 약속이 있잖아요. 봄의 교향악도 모든 만물이 서로 마음으로 느껴 알고 있는 약속을 지키기 때문에 아름다울 거예요. 침묵의 약속 말이에요.

봄과 약속 이야기를 하다 보니 질문이 하나 생겼어요. 약속을 지키는 일이 왜 즐겁죠? 사람들 사이의 약속 중에는 지키기 힘들고 어려운 것들도 있잖아요. 그럴 때엔 약속을 지키는 일이 아주 고통스러울 수도 있을 텐데요. 그런데도 우리는 왜 약속을 지켜야 하죠? 약속을 지키고 나면 그 결과가 아름답고 즐겁다는 말인가요?

보낸 사람   답장할 때 신나는@이모

받는 사람   약속의 의미를 아는 소녀@기현

참 조   현재와 미래, 안정과 불안정, 행복과 불행을 생각하는 사람들

제 목   생활은 약속을 통하여

기현이에게.

약속에도 몇 가지 형식이 있단다. 종류나 유형이라고 할 수도 있겠다. 두 사람 또는 그 이상의 사람들 사이에 하는 약속이 있고, 혼자서 하는 약속이 있어. 혼자서 하는 약속 중에서도 다른

사람을 향하여 하는 약속이 있는가 하면, 다른 사람들과는 관계 없이 오직 자기 자신에게 하는 약속도 있지. 그런 약속은 약속이 라고 하기보다는 그냥 결심, 각오 또는 맹세라고 하는 편이 나을 거야. 어쨌든 내가 말하려는 것은, 약속이란 다른 사람에 대한 자신의 의사 표시라는 거야. 약속의 상대는 한 사람일 수도 있 고, 두 사람 이상일 수도 있단다.

사람은 혼자 살 수 없는 사회적 동물이라고 이야기한 적이 있 지. 인간은 어떤 경우든 사회를 이루고 그 속에서 살 수밖에 없 다고 말이야. 사회생활은 모두 약속으로 이루어진단다. 약속을 통해서 다른 사람의 도움을 얻을 수 있고, 다른 사람이 필요로 하는 도움을 내가 줄 수도 있기 때문이지.

약속은 또 다른 기능도 한단다. 이렇게 한번 생각해 보면 어떨 까. 사람이 살아가면서 불안을 느낄 때가 언제지? 미래에 대한 예측이 불가능할 때 불안을 느낄 수밖에 없을 거야. 내일 무슨 일이 닥칠지 모른다는 사실은 우리를 불안하게 만들지. 반대로 내일 일어날 일을 어느 정도 예상할 수 있다면, 우리는 훨씬 덜 불안할 거야. 세상 모든 일을 그 결과까지 정확히 예상할 순 없 지만, 대략의 일들만 짐작할 수 있어도 우리는 안심할 수 있지.

그런 점에서 본다면, 우리의 생활을 어느 정도 예상할 수 있도 록 하는 것이 바로 약속이란다. 약속은 약속하는 순간을 기준으 로 미래에 일어날 일들을 내용으로 하는 것이지. 그러니까 약속

당
냥
댕
딩동댕

을 한다는 건 미래를 계획하는 일이야. 약속을 많이 하면 할수록, 자신의 앞날은 계획으로 촘촘히 짜이게 되는 거야.

다음엔 어떻게 될까. 그 약속들이 제대로 지켜진다면, 자신의 미래는 계획한 대로 착착 진행되어 현실이 되는 것이지. 계획한 대로 진행된다는 것은 자신의 앞날을 예상한 대로 살아간다는 것이고, 그런 경험이 쌓일수록 점점 미래에 대한 확신을 가지게 돼. 그런 사람의 생활은 아주 안정될 수밖에 없겠지.

그러니까 약속을 지킨다는 사실은 아주 중요해. 약속이 지켜지면 서로가 행복해지지만, 약속이 깨어지면 적어도 어느 한쪽은 불행하게 된단다. 물론 처음부터 잘못된 약속은 깨뜨림으로써 모두가 만족스러워지는 경우도 있긴 하지만.

약속이 지켜지면 약속을 한 사람들의 마음이 즐거워질 수밖에 없고, 마음이 즐거우면 세상이 아름다워 보일 수밖에 없지.

보낸 사람　국가의 약속을 생각하는@기현

받는 사람　온갖 법에 대한 해설자@이모

참 조　법을 약속이라고 생각하는 사람들

제 목　약속과 법

이모께.

　제가 이모께 질문을 하면 반드시 대답이 돌아와요. 그래서 저는 즐겁고 행복해요. 궁금한 게 생기면 언제든 물을 수 있고, 시간이 지나면 반드시 답을 얻을 수 있다는 사실 역시 이모와 저 사이의 약속이 잘 지켜지기 때문이군요.

　그런데 우리 사회를 움직이게 하는 약속은 혹시 법이 아닌가요? 법은 국가 안에서 모든 사람들이 지킬 것을 예상하고 만든 것이니까요. 지난해 이모께서 처음 보내 주신 이메일에서 알려 준 재미있고 이상한 이름의 법들, 표준시에 관한 법률, 연호에 관한 법률, 먹는 물 관리법 같은 것들 모두가 약속이라는 생각이 들어요.

기현이에게.

이제 우리의 이야기가 꽤 진지한 부분까지 파고드는 느낌이
다. 아니, 항상 진지했지. 우리의 현실 문제로 돌아와 법 이야기
를 할 수 있겠다고 하는 편이 낫겠구나. 법에 관한 생각을 정리
도 할 겸 말이다.

모든 법은 그 자체가 사회적 약속인 것은 틀림없어. 그래서 우
리는 길을 걸을 때나 운전을 할 때 교통 규칙을 믿고 안심하며,
사업을 하거나 투자를 할 때 그와 관련된 제도를 신뢰하고, 미
래를 기다릴 때 정부의 정책에 희망을 걸기도 한다. 교통 규칙은
그 자체가 법이고, 제도나 정책도 결국은 법을 통해 실현이 되니
까 모두 법적 약속이라고 할 수 있단다.

그런데 현실을 살아가는 사람에게는 법보다 더 중요한 것이 있
어. 우리가 사회와 국가 속에서 인간으로 살아갈 수 있게 해 주

는 것, 그중 하나가 계약이라는 거야. 계약은 한 인간이 다른 사람들과 일정한 관계를 맺으면서 미래를 향해 나아갈 수 있게 하는 엔진과 같은 것이라고 할 수 있어.

네가 탄생한 건 우연한 사건인 것 같지만 거기에서도 계약을 찾을 수 있단다. 네가 어머니와 아버지 사이의 딸로 태어나고, 또 나의 조카가 된 것은 왜 그럴까. 가만히 따져 보면 네 어머니와 아버지가 서로 결혼이라는 일종의 계약을 체결하였기 때문이야. 그리고 네 어머니와 이모의 부모님, 그러니까 너의 외할아버지와 외할머니께서 결혼하셨기 때문에 내가 네 이모가 될 바탕이 마련된 거지.

네가 지금 다니는 중학교에 입학한 것도 너를 대신하여 너의 부모가 계약을 맺은 결과라고 할 수 있어. 대학에 들어기는 것도 마찬가지이고, 네가 직업을 선택할 때에도 계약에 의해 직장이 결정되는 셈이야. 외국 유학을 가거나, 집이나 물건을 사거나, 자기가 한 일에 대한 대가를 받거나 하는 모든 행위가 계약의 한 부분이야.

앞으로 무엇을 할 것인가 혼자 곰곰이 생각에 잠기는 일은 계약이 아니야. 자기가 생각한 일을 실천에 옮기려면 대개 계약이라는 절차를 거쳐야 해. 계약은 마치 꿈을 현실로 바꿔 주는 마술사 같은 역할도 한단다.

사람은 누구나 계약을 체결할 자유가 있어. 어떤 내용의 계약

을 체결할 것인가도 자유롭게 결정할 수 있지. 물론 계약하는 사람들끼리 의견이 맞아야 가능한 일이지만 말이야. 이런 계약의 자유는 바로 민주주의 제도나 법치주의 원리 같은 것들이 든든하게 받쳐 주어야 보장된다는 사실을 알아 둘 필요가 있단다.

계약은 계약을 맺는 사람들 사이의 중요한 약속이야. 계약 자체는 법과 달라. 하지만 계약을 체결하면서 법의 적용을 받는단다. 법이 있어야 계약이 지켜진다고 할 수 있어. 계약을 어기게 되면, 어긴 사람에게 불이익을 주는 것도 법이 있기 때문에 가능한 것이지.

국가 내의 모든 사람은 자신의 계획에 따라 자기에게 필요한 계약을 맺으며 살아가고 있어. 그러니 엄청나게 많은 계약이 생겨나게 되지. 그런가 하면 나른 나라 사람이나 회사와 같은 큰 단체와 계약을 체결하는 경우도 흔하기 때문에, 사람들이 맺는 계약의 모습은 상상할 수 없을 만큼 복잡하고 거대하단다. 그 모든 것을 정리해 주는 역할을 맡고 있는 게 바로 법이란다.

이모께.

이모의 이야기를 듣다 보니 제 가슴이 갑자기 넓어진 느낌이 들어요. 그동안 알지 못하던 새로운 지식으로 가득 찬 기분이랄까. 세상을 보는 눈이 달라졌다고 말씀 드릴 수 있을 정도예요.

그래서 한두 가지 질문을 더 하려고 해요. 사람들은 평생 계약을 하면서 살아가고, 따라서 수많은 약속을 지켜야 해요. 계약이 아니더라도 할 수밖에 없는 사소한 약속까지 포함하면 사람의 일생은 지켜야 할 약속으로 가득 차 있다고 할 수도 있겠어요. 그런 많은 약속은 사람의 자유를 억압하지 않나요? 약속을 지키느라 신경 쓰다 보면 자기가 하고 싶은 대로 못 하게 되잖아요. 그렇다면 계약은 그리 좋은 것만은 아니라는 생각이 들어요.

그리고 그렇게 거미줄처럼 얽혀 있는 계약이 전부 법의 적용을 받을 수밖에 없다고 하셨는데, 사람들은 결국 그 많은 법을 제대로 알아야 자신의 생활을 제대로 할 수 있는 것인가요? 법을 모르면 손해를 볼 수도 있다는 말로 들려요.

기현이에게.

"약속은 지켜야 한다."는 법률 격언이 있어. 약속은 서로 지킬 때 의미가 있는 것이니까. 그런가 하면 이런 말도 있단다. "약속을 가장 잘 지키는 방법은 아예 약속을 하지 않는 것이다." 약속은 그만큼 지키기 어렵다는 뜻이야.

사람과 사람 사이에 체결한 계약이 모두 이행된다면, 인간들이 한 약속이 하나도 어김없이 모조리 지켜진다면, 사람들은 아무 걱정 없이 살아갈 수 있을 거야. 법관들은 일거리가 없어 당황할지 모르겠지만.

약속은 왜 제대로 지켜지지 않을까? 아마도 약속 지키는 일이 어려워서 그렇겠지. 그렇지 않다면 처음부터 상대방을 속이려고 작정한 사기꾼이 아닌 한 누구든 약속을 잘 지킬 텐데 말이야. 사람들이 약속 지키는 일을 어렵게 느끼는 이유는 뭘까. 네 말대로 약속을 지키는 일이 자신의 자유를 속박하기 때문일까.

괴테의 《파우스트》에 아주 인상적인 장면이 있어. 파우스트 박사가 악마 메피스토펠레스와 위험한 계약 체결을 앞두고 잠깐 이런 말을 한단다.

"온 세상은 단 한순간도 쉬지 않고 끊임없이 흘러가며 변화하는데, 난 한마디 약속에 이렇게 얽매여 있어야 하다니!"

사람이 계약을 체결하는 이유는 뭔가 자기에게 이로운 점이 있다고 판단하기 때문이야. 그렇다면 자신의 이익을 위해서라도 약속을 지키는 것이 당연해. 그런데 대부분의 계약이란 그 효과가 동시에 일어나는 게 아니란다. 한쪽에서 먼저 약속을 지키면, 그 다음에 다른 쪽에서 약속을 지킨다거나 하는 경우가 보통이란다. 약속을 이행하는 데 순서가 있다는 말이야. 그럴 때 어느 한쪽이 자기가 받을 것만 받고 줄 것은 주지 않는다면 계약 위반이 되는 거지. 물론 아주 불가피한 사정이 생겨서 못 지키는 때도 있지만 말이다.

계약 또는 약속은 그 자체로 우리에게 일정한 의무를 지게 하지만, 그 의무를 완수하면 반드시 좋은 결과가 생긴단다. 왜냐하면 사람은 자기가 원하는 계약을 선택해서 자유롭게 체결하기 때문이지. 하기 싫은 계약이나 자기에게 불리한 내용의 계약을 강제로 체결하는 경우와 비교해 보면 잘 알 수 있을 거야.

계약 때문에 자기가 해야 할 의무만 생각하면 자유에 대한 구속이 될 수 있어. 하지만 먼저 자신의 의무를 이행하고, 상대방도 성실하게 자기의 의무를 다하면, 결과적으로 새로운 자유와 기쁨을 얻게 되는 거야. 바로 그런 결과를 기대하고 계약을 체결한 것이니까. 그러니까 계약은 사람의 자유를 억압하는 게 아니야. 진정한 자유가 무엇인지 다시 한 번 기억을 더듬어 보렴. 자기가 한 약속 때문에 귀찮아하고 괴로워하는 것보다, 그것을 철저히 지키려 노력하는 게 진정한 자유를 누리는 방법인지도 모르잖아.

'신분에서 계약으로'라는 말이 있단다. 헨리 메인이라는 영국의 법학자가 한 말인데, 무슨 뜻인지 금방 알아차리기 힘든 어려운 표현이지. 하지만 아주 중요한 의미를 담고 있어.

중세 시대로 돌아가 생각해 보자. 주권이 왕에게 있던 시절 말이야. 그때는 대부분의 사회가 왕을 중심으로 계급화 되어 있었어. 그래서 개인의 운명을 결정하는 것은 그 사람의 능력이나 노력이 아니라 신분이었지. 왕족이든, 귀족이든, 평민이든 아니면 노예든, 태어나는 순간 운명이 결정되는 경우가 대부분이었어. 계급 사회란 개인이 아무리 발버둥 쳐도 신분의 제약 때문에 도저히 이룰 수 없는 일이 존재하는 세상이야. 하층 계급의 사람은 돈을 많이 가지고 있더라도 원하는 곳에 땅이나 집을 살 수 없다고 생각하면 이해하기가 쉬울 거야.

세월이 변해서 주권이 국민에게로 돌아왔어. 헌법과 법률로 법치주의 원리에 따라 국가를 운영하고, 민주주의 사상이 세상을 지배하게 되었지. 사람들은 자신의 신분에 얽매이지 않고 능력에 따라 자기가 원하는 것을 선택하고 계약할 수 있게 되었어. 계약에 따라 자기의 생활을 꾸려 나갈 수 있게 된 거지. 그러니까 과거의 신분은 속박을 의미했지만, 근대의 계약은 자유를 누리게 해 주는 수단이야. 계약은 구속이 아니라 자유를 준다는 말이야.

물론 자유롭게 계약하고, 계약에 따라 자신의 생활을 자유롭게 할 수 있는 사람이 그리 많지는 않아. 우리가 정의가 무엇인가에 대해서 살펴보았듯이, 경쟁 사회에서는 계약의 자유에도 여러 가지 구속이나 함정이 숨어 있는 경우가 많단다. 계약이 우리로 하여금 자유를 누리게 한다는 말은, 엄격히 말해서 신분에 매여 있던 중세 시대에 비해 자유롭다는 것이야.

계약과 약속이 많아지면 거기에 관련되는 법이 많아지는 건 당연하지. 그렇다고 우리가 그 많고 복잡한 법을 다 알아야 한다는 말은 아니야. 김미혜 시인이 쓴 동시 한 편을 읽어 보자.

그냥 제비꽃

단풍제비꽃이냐 물어보면
남산제비꽃이라 하고
털제비꽃 아닐까요 그러면
내가 보기엔 둥근털제비꽃 같은데요 그런다.

고깔제비꽃 알록제비꽃 태백제비꽃 왜제비꽃
제비꽃 이름 무어 그리 복잡할까.

보랏빛 제비꽃 젖빛 제비꽃
햇빛 발자국마다 환하게 핀 꽃
그냥 제비꽃이라 불러야지.

법의 이름이나 종류를 대라고 하면 제비꽃 이름 정도는 아무것도 아닐 정도로 많을 거야. 하지만 제비꽃이라고만 알고 있어도 그 아름다움을 느끼는 데는 큰 지장이 없듯이, 구체적인 법의 이름이나 내용을 모르더라도 계약을 맺고 지키는 데 큰 문제는 없어. 정말 중요한 건 우리는 사회 속에서 살아가기 위하여 다른 사람들과 끊임없이 계약을 맺는다는 사실이란다. 그게 어떤 법과 관련이 되는지 알아야 할 때는 변호사를 찾으면 되니까.

기현이에게.

이번에는 내가 너에게 물어보고 싶은 게 생겼어. 그래서 네 답장이 도착하기도 전에 내가 다시 메일을 쓴다.

엊그제 우연히 텔레비전에서 재미있는 장면을 보았어. 너도 잘 아는 영국 프리미어 리그 축구 경기가 열리고 있는데 운동장에 갑자기 발가벗은 남자가 뛰어든 거야. 휴식 시간도 아닌 경기 중간에 광적인 팬이 난입했으니 잠깐이나마 큰 소란이 벌어졌지.

벌거숭이 남자가 선수들 사이를 쫓아다니다가 금방 경찰에게 체포되어 끌려 나갔고, 소동은 끝이 났지. 관중들은 그 사람이 왜 옷을 벗고 경기장에 뛰어들었을까 궁금해하기도 했지만, 몰라도 그만인 것 같았어. 경기가 중단된 시간은 겨우 1분이 될까 말까 했고, 곧 다시 시작됐지. 그 뒤로는 아무 일도 일어나지 않았어.

영국의 축구장에선 가끔 그런 일이 벌어지나 봐. 나도 그런 애길 들은 적이 있었지만, 텔레비전 화면으로나마 직접 본 건 처음이었어. 그걸 보고 갑자기 이런 생각을 하게 됐단다. 만약 그 사람이 벌인 소동 때문에 경기가 중단되고 계속될 수 없었다면? 그땐 아마 사정이 달라질 거야. 선수들이나 관중들이 실제로 피해를 입었다고 생각하기 때문이지.

운동장에도 엄연히 법이 존재한단다. 리그에 참가하는 축구단도 계약에 따라 시합하는 것이야. 개별 프로 축구 선수들은 구단과 입단 계약을 체결하지. 언젠가는 네가 원하는 대로 여자 프로 축구단이 인기를 끌게 될 날이 올 텐데, 그때도 새로운 계약들이 필요하게 돼. 모든 게 그런 식으로 이루어진다. 그런데 운동 경기장에는 그런 일반적인 법 이외의 법이 하나 더 작동하게 돼. 바로 경기 규칙이야. 규칙에 따라 선수들은 움직이고, 관중들은 경기를 즐기는 것이야.

여러 가지 규칙이 정해진 운동 경기장에 난데없이 방해꾼이 나타나면 어떻게 하지? 이번 경우에는 대기하고 있던 경찰이 나서서 해결했어. 그렇다면 우리가 살아가는 사회라는 큰 운동장에 그런 방해꾼이 등장하면 어떻게 하면 될까? 모든 사람들이 각자의 계획에 따라 계약을 맺고 정해진 법에 따라 살아가는 우리 삶의 운동장에 뛰어든 훌리건이 있다면 우리는 어떻게 할 수 있을까?

이모께.

이모의 메일은 언제나 저를 기쁘게 해요. 제가 이모의 메일을 기다리고 있기 때문이죠. 그런데 갑자기 받는 메일은 저를 더 즐겁게 해요. 제가 유치원 다닐 때였는데, 지방으로 여행 떠나신 엄마가 예정보다 하루 빨리 돌아오셔서 아주 기뻤던 기억이 나요. 바로 그런 기쁨이에요. 그런데 다 읽고 보니까 이모께선 제게 질문을 하신 게 아니라 문제를 내셨군요. 그것도 꽤 어려운 논술 문제를 말이죠.

그럼 이모께서 내 주신 문제에 대답해 볼게요. 마치 모르는 걸 질문한 중학생에게 설명하듯이, 이모 흉내를 내면서 말이죠.

최근 재미있는 책을 읽었는데요, 여러 곤충들의 관찰기였어요. 우루과이 나방이라는 게 있는데, 나방 주제에 우루과이의 우표 모델까지 됐대요. 아마 모델료는 받지 못했겠지만요. 우루과이 나방이 특이한 점은 날개에 가짜 눈을 달고 있다는 거예요. 무엇인가 자신을 자극하는 물체가 나타나면 날개를 활짝 펼치는데, 이때 큰 날개 아래에 둥근 무늬가 새겨진 작은 날개가 생겨요. 그게 진짜 눈처럼 보이는 거죠. 시비를 걸려던 적은 그 눈이 무서워서 슬며시 피한대요. 그런 가짜 눈을 가진 곤충들이 꽤 많은가 봐요. 스파이스부시 호랑나비의 유충도 가짜 눈을 무기처럼 지니고 있어요. 그 눈은 다른 동물이나 사람이 어느 방향에서 쳐다보더라도 그쪽을 향해 노려보는 것처럼 시선이 마주치게 되어 있대요. 신기하지 않아요?

그렇게 적을 속여 위협하는 곤충들 외에, 적에게 직접 공격을 퍼붓는 곤충은 더 많아요. 가장 멋있어 보이는 곤충이 폭격수 딱정벌레예요. 이름부터 근사하잖아요. 폭격수 딱정벌레는 꽁무니 부근에 분비샘을 지니고 있어서 적이 나타나면 섭씨 100도에 가까운 뜨거운 액체를 발사해서 물리친대요. 개구리가 잡아먹으려 달려들었다가 혀를 내두르며 물러나는 사진은 아주 우스꽝스러워요.

이 책을 읽으면서 저는 눈여겨봐야만 겨우 보이는 작은 곤충들도 자신들의 세계를 적의 침입으로부터 방어하기 위해 여러 가지 전략을 짠다는 사실을 알았어요. 그러면서 이모와 함께 나눈 얘기들이 떠올랐지요. 이번에 이모께서 내 주신 문제도 곤충들 덕분에 해결이 됐어요. 들어 보실래요?

우리가 살고 있는 사회도 각자 인생의 운동장이나 다름없어요.

곤충 방어 요원들

나, 우루과이 나방
부릅
부릅
놀랐냐?
진짜 눈 아니지롱~

난 스파이스부시 호랑나비
쩌릿
쩌릿
너를 지켜보고 있다
(사실은 가짜지롱)

받아라,
공포의 100°C 물 대포!!!
난 폭격수 딱정벌레~
100°C
앗! 뜨거!

거기서 규칙이 되는 건 온갖 법들이겠지요. 그 질서를 깨뜨리는 위반자가 나타나면, 우리도 당연히 우리의 운동장, 우리의 세계를 보호하기 위해 여러 가지 노력을 할 수밖에 없어요. 저는 우리 생활의 무대가 되는 사회와 국가를 보호하는 역할을 법이 맡고 있다고 생각해요. 법만 그런 역할을 맡고 있는 건 아니지만, 어쨌든 법도 그런 역할의 한 부분을 맡고 있는 건 분명해요.

법은 우루과이 나방이나 스파이스부시 호랑나비처럼 경고하는 역할을 하고 있어요. 법이 뭔지 내용을 일일이 모르더라도, 법이란 것이 있기 때문에 법에 위반되는 행위를 하면 안 된다는 정도는 모든 사람들이 알고 있으니까요. 옳지 않은 행위를 미리 예방한다는 점에서는 곤충들의 가짜 눈이나 법의 경고가 비슷하지만, 가짜 눈이 상대방을 속이는 반면 법은 사실을 이야기한다는 게 다르긴 해요. 미리 경고를 했는데도 불구하고 위법한 행위가 일어나면, 법은 강제로 처벌을 해요. 그건 폭격수 딱정벌레와 비슷하지요.

하여튼 저의 결론은, 우리 사회와 국가를 불법한 침입으로부터 막아 주는 게 법이라는 거예요. 이게 저의 답안지예요.

기현이에게.

네가 쓴 메일을 답안지라고 하니까 우선 답안지로 받아들일게. 그런데 답안지를 읽고 이렇게 기분이 좋을 수가 있을까. 내가 이토록 기분이 좋은 이유는, 네 답안지라는 글을 읽는 동안 나는 채점관이 아닌 감상자였기 때문일 거야. 네 설명은 아주 훌륭했어. 누가 메일만 읽었다면 그 글을 쓴 사람이 중학생이라고 생각하기 힘들 거야. 다들 법률가나 사회 선생님이 쓴 것으로 생각하지 않을까?

네가 말한 대로 사회를 구성하고 국가를 건설하여 살게 된 인간은 국가와 사회를 잘 가꾸고 안팎의 침입으로부터 보호해야 한다고 생각하게 됐어. 침입은 외부에서 시도되는 것도 있지만, 내부에서 생기는 경우도 있지. 외부의 침입은 전쟁 같은 것이고, 내부의 침입은 범죄를 예로 들 수 있단다.

우리 사회를 안전하게 잘 보호해야 한다는 생각을 흔히 사회

방위 사상이라고도 해. 하지만 이런 용어는 아무것도 아닐 뿐더러 굳이 기억할 필요도 없어. 그냥 네가 말한 대로 우리는 사회를 부당한 침입으로부터 방어하여 보호할 필요가 있고, 법이 그런 기능을 한다는 것만 알고 있으면 충분해.

이제 우리는 법의 세계에 관한 중요한 이야기를 거의 모두 나눈 셈이야. 마지막으로 법률에 대한 가장 기본적인 것만 짚어 보도록 할게.

계약을 중심으로 한 법률의 세계에서는 무엇이 나의 권리이고 무엇이 나의 의무인지가 결정된단다. 그 결과에 따라 개인의 재산이 형성되기도 하고, 때로는 마음속 행복이나 불행이 드나들기도 한단다. 보통 그런 법률관계를 민사라고 해.

사회를 안전하게 살기 좋은 곳으로 유지하기 위해서는, 사회를 불안하게 하는 위협들로부터 보호할 필요가 있겠지? 그러기 위해서 국가는 옳지 못한 행위를 범죄로 규정하고, 범죄자에게 형벌을 주는 제도를 만들었어. 어떤 행위를 범죄로 볼 것이며, 범죄자에 대하여 어떤 형벌을 줄 것인지는 사회나 국가마다 사정에 따라 정하면 돼. 이렇게 범죄와 형벌에 관한 법률관계를 형사라고 한단다.

결국 모든 법률관계를 둘로 나누어 말한다면 민사와 형사라고 할 수도 있어. 계약을 중심으로 한 민사의 세계가 질서정연하게 유지되도록 보호하는 역할을 형사의 세계가 맡고 있기도 해. 우리는 법의 세계 속에 살고 있기도 하고, 다른 한편으론 우리 생활 속에 법의 세계를 가져와 편리하게 사용하고 있기도 하단다.

이제 기현이 너와 기초적인 법의 세계에 대해서는 이야기를 더 나눌 필요가 없겠는걸! 우리가 만나서 대화를 나누고 메일을 주고받으며 운영해 왔던 법률 교실의 문을 닫을 때가 된 것 같아. 유일한 학생인 네가 졸업할 때가 됐으니까 말이지. 네가 답안지라고 불렀던 답메일을 심사한 결과, 졸업을 해도 좋다는 판단이 섰거든. 졸업을 축하해.

네가 우리 둘만의 법률 교실을 졸업한다고 해서 우리의 대화가 끝나는 건 아니야. 이제 다른 식으로, 또 다른 기분으로 세상만사와 법의 세계에 대해 이야기하는 거야. 실제로 있었던 재판 이야기를 할 수도 있고, 민사와 형사의 세계를 무대로 활동하고 있는 법률가들이 어떤 사람인지도 탐구해 볼 수 있을 거야.

다만 새로운 기분을 가져야 새로운 눈으로 세상을 볼 수 있다는 말을 하고 싶어. 그러니 우선은 그동안 함께했던 우리의 법률 교실 문을 닫는 거야. 어서 다른 문을 열기 위해서.

이메일 법률 교실의 졸업을 축하하며

"이모, 이제 겨우 4월인데 졸업식을 하니까 좀 이상해요. 다들 무언가를 시작하는 계절인데."

"그렇긴 하구나. 하지만 남들이 하는 대로 따라 할 필요는 없어. 우리나라 학교는 3월에 개학하고 일본에서는 4월에 새 학기를 시작하지. 그런가 하면 미국에선 9월에, 영국 대학은 10월에 문을 열어. 너와 난 벚꽃이 날리기 시작하는 이 4월에 반년 동안 이메일로 진행한 법률 교실을 마치는 거야."

"맞아요, 이메일 법률 교실이었어요. 어떻게 보면 철학 교실이기도 했고요. 이모와 이야기를 나누면서 법에 대한 것은 물론이고 생각하는 법을 많이 배웠거든요."

"네가 그렇게 말하니까 꽤 뿌듯한데?"

"민두 집에서 하는 졸업식도 괜찮군요. 이 집 만두는 아주 맛있어요."

"세 판을 시키면 충분하겠지? 네가 좋아하는 고기 만두, 내가 좋아하는 송이 만두, 그리고 고기가 전혀 들어가지 않은 야채 만두를 시켜 보자."

"야채 만두는 새로 개발한 메뉴인가 봐요. 근데 이메일 법률 교실 다음에는 뭐가 기다리고 있죠?"

"글쎄. 어떤 학교가 좋을지 함께 구상해 보기로 하자. 새 교실을 연다면 무슨 이야기를 할 것인지 미리 정해 두는 게 좋을 것 같아. 목표가 분명하면 새로 열 교실의 이름이나 성격은 저절로 결정될 테니까."

"저는 법과 관련된 이야기를 계속하면 좋겠어요."

"하지만 비슷한 이야기를 되풀이하는 건 재미도 없을 뿐만 아니라 불필요하지 않을까?"

"그럼 지금까지 이모와 제가 나눈 이야기들을 다시 정리해 봐야겠어요."

"가장 중요한 부분만 되살려 봐도 좋을 거야. 우리가 법에 대해 나눈 이야기 중에 뭐가 제일 기억에 남니?"

"정의에 관한 이야기가 가장 강하게 남아 있어요. 정의가 뭔지는 몰라도, 이런 음식을 먹을 수 있는 사람과 쳐다만 보아야 하는 사람들의 차이는 없어져야겠죠."

"정의는 실현되어야 한다고 믿으면서도, 현실을 둘러보고 나면 정의는 존재하지 않을지도 모른다고 의심을 품게 되지. 마치 자연법처럼 말이다. 그런데 정말 정의가 없다고 생각하게 되면, 사는 게 너무 덧없이 느껴질 수도 있어. 마치 미래나 희망이 없는 것처럼. 그러니 어떤 식이든 다시 정의에 대한 기대를 가질 수밖에 없지."

"법을 지키는 게 정의를 이루는 데 조금이나마 도움이 된다는 말씀인가요?"

"가끔 정의가 실현되는 걸 목격하거나 경험하기도 하지. 그런 정의의 실현은 법 때문일까? 어쩌면 인간의 의지 때문인지 몰라. 하지만 법도 정의 실현에 도움이 될 때도 있다는 건 사실이야."

"법은 반드시 정의를 실현해 주지는 못하지만, 부분적으로 정의를 이루는 데 도움이 될 수 있다는 말씀은 이해가 돼요. 이해가 된다는 말은 제 생각도 그렇다는 의미예요. 그렇다면 한마디로 법은 무엇이라고 할 수 있죠?"

"이모가 대학 다닐 때 법철학을 가르쳐 주신 선생님의 말씀이 기억나는구나. 지금 네가 알아듣기 쉽게 고쳐서 말하자면 '법은 우리 삶의 설계를 도와주는 도구'라고 하셨어. 도구란 어떤 일을 해결하는 데 쓰이는 기구나 수단뿐만 아니라 가치를 의미하기도 해. 가치란 반드시 돈으로 평가한 정도를 나타내는 게 아니라, 우리가 지켜야 할 대상이나 목표라는 사실을 기억해야 돼."

"법은 지키지 않으면 아무 짝에도 쓸모가 없잖아요. 그래서 자주 준법정신을 들먹이는 모양이에요."

"모든 사람이 일제히 법을 지킨다면 세상은 분명 달라질 거야. 하지만 그렇지 못하지. 세상 대부분의 일들이 그렇듯 말이다."

"법은 반드시 지켜야 하지만 무조건 지키라고 강요하는 것도 올바르지 않다고 생각해요. 법의 내용이 올바르지 못한 경우도 있을 테니까요. 그래서 자연법이 필요한 것 아닐까요? 자연법에 가까운 법이면 지킬 만한 가치가 있지만, 자연법에서 멀어진 법은 지킬 필요가 없지 않나요?"

"자연법에 대한 의견이 거의 일치한다면 그렇게 말해도 좋을 거야. 도저히 참을 수 없을 정도로 나쁜 법에 대해서는 저항해야

한다는 생각은 옛날부터 엄연히 존재하고 있어. 그 생각을 행동
으로 옮기는 것을 시민 불복종이라고 표현한단다."

"법을 지켜야 한다고 요구하는 쪽은 국가이고, 제대로 지키지
않으려고 눈치를 보는 쪽은 국민들처럼 보일 때가 많아요. 준법
정신에 대한 강조는 학교 선생님 아니면 신문이나 방송을 통해
정부가 도맡아 하는 것 같으니까요. 그런데 공무원이나 국가 기
관부터 법을 잘 지켜야 하는 것 아닌가요?"

"정말 맞는 말이다. 잘 조사해 보면 국가와 정부 또는 그 밖의
주요한 국가 기관이나 고급 공무원들이 법을 지키지 않는 경우
가 많단다. 그러면서 국민들에게만 준법을 강조하는 건 우스운
일이지."

"다음에 시작할 이모와 저의 법률 교실에서 그런 재미있는 사
건들 이야기도 듣고 싶어요!"

"그래, 우리가 생활 속에서 어떻게 법과 친숙해질 수 있을지
계속 고민해 보기로 하자. 이메일 법률 교실의 졸업을 축하해. 우
수한 졸업생 김기현에게 줄 선물을 준비해 왔단다."

기현이가 받은 선물은 아주 멋진 시계였다. 이모가 봄을 맞아
대학 친구들과 스페인 여행 갔을 때 코르도바에서 사 온 탁상용
시계였는데, 그곳 특산품인 가죽으로 만든 것이었다. 가죽으로
만든 원통형 판에는 바늘만 달려 있고 숫자판에 숫자가 전혀 표

시되어 있지 않았다.

시계가 우리를 미래로 데려다 주지는 않는다. 다만 시계는 끊임없이 미래를 자신의 현재로 만들어 가는 생활이라는 과정에서 편리한 신호가 되어 줄 뿐이다. 코르도바의 시계는 기현이에게 필요한 시간의 양을 친절하게 알려 줄 것이다. 정확히 몇 시 몇 분인지는 기현이의 마음속 숫자판에 비추어 보면 된다. 좋은 법이 어떤 것인지 생각하며 법을 고치고 만들어 가는 것처럼, 자신의 생활을 가치 있게 채워 가는 사람은 시간을 창조하듯이 사용하기 때문이다.

이모와 법 이야기를 나누는 동안, 기현이는 '나중에 법률가가 되면 어떨까'라는 생각을 잠깐 해 보았다. 하지만 이내 처음의 마음으로 되돌아왔다. 자신이 장래 희망으로 꿈꾸고 있는 고고 인류학자나 여자 프로 축구 선수가 되는 편이 훨씬 재밌을 것 같았기 때문이다. 그러면서도 이전과 달라진 게 있었다. 법은 법률가에게만 필요한 게 아니라 모두에게 필요하다는 사실, 어떤 직업을 갖게 되더라도 법과 사회에 대한 이해는 큰 도움이 된다는 사실을 알게 된 것이다. 이모와 나눈 대화에서 얻은 법과 세상에 대한 생각들은 인류학자나 축구 선수가 되는 데도 아주 유용할 것이라는 확신이 들었다.

이모와 헤어져 집으로 가는 길에 기현이는 혼자만의 생각에 잠겼다.

'나는 괜찮은 인류학자가 될 수 있을까? 내가 나 자신을 축구 선수로 만들 수 있을까, 구름이 스스로 자신의 모양을 만들어 가듯이?'

구름을 보는 순간, 그런 생각이 들었다.

 ··· **차병직 선생님께**

선생님께서 다음 주에 여름휴가를 떠나신다는 것을 알면서도, 금요일 이 시간에 원고를 보내는 저를 용서해 주시기 바랍니다.

선생님 원고를 읽는 것이 제게는 너무나 즐거운 시간이었습니다. 절친한 사람에게 이야기를 건네듯 쓰인 원고를 읽노라니, 자연스럽게 법의 필요성과 역할이 제 안에 스미는 것을 확인할 수 있었습니다. 원고의 마지막 부분에 '이메일 법률 교실'이라는 표현을 써 주셨는데요, 단순한 법률 교실이라기보다, 법에 대해 철학적으로 사유할 수 있게 해 주는 '특별한 철학 교실'이라는 것이 제 의견입니다.

한편 법률에 대해서 구체적으로 설명하는 방식이 아니라, 법의 작동 원리와 법에 담겨 있는 개념을 철학적으로 설명하다 보니, 원고의 내용이 다소 추상적이라는 느낌이 강했습니다. 물론 추상적이라는 것이 좋다, 나쁘다, 옳다, 그르다로 간명하게 판단될 수 있는 문제는 아니라는 생각이 듭니다. 다만 저희가 주요 독자로 상정하고 있는 대상이 청소년이고, 청소년들을 대상으로 한 교양서이다 보니, 조금 더 구체적인 설명이 필요하지 않을까 생각됩니다. 해서 제가 원고 중간 중간, 조금 더 보충 설명이 필요하다고 느껴지는 부분에는 코멘트를 적어 두었습니다.

제가 시간을 두고 고민한 부분은 5장과 6장이었습니다. 5장의 경우, 인류사적인 부분을 설명하는 장이다 보니, 다른 장에 비해 조금은 딱딱한 느낌이 들었습니다. 기현이와 이모의 대화에서 인류 기원에 대한 부분이 너무 상세한 감이 있어서 부분적으로 삭제를 하면 어떨까 합니다.

6장의 경우, 기현이와 이모의 대화 부분은 발견과 발명에 대한 이야기들로 채워지는데요, 발견과 발명에 대한 내용은 너무나 흥미롭고 이 부분이 하나의 완결성을 가진다는 것은 알겠으나, 법에 대한 이야기에서 너무 멀리 나아간 것 같아 우려스럽습니다. 발견과 발명에 대한 이야기를 조금 압축해서 설명해 주시고, 일상에서 겪을 수 있는 '자연법과 실정법의 차이 혹은 충돌'에 대한 사례를 추가해 주시면 어떨까요? 그것이 《안티고네》와 연결될 수 있겠다는 생각이 듭니다. 살펴봐 주시기를 부탁 드립니다.

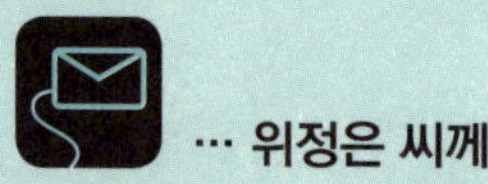

택배로 미리 보낸 원고 뭉치는 빗속을 뚫고 무사히 서교동에 도착했겠지요? 원고가 도착하기 전에 편지를 쓰려고 했는데, 꾸물거리는 이번 여름의 더위처럼 그만 늦고 말았습니다.

초고, 그것도 졸고의 초고를 읽어 내시느라 얼마나 힘드셨습니까. 육체적 더위에 정신적 폭염까지 덮쳐 혼이 나셨겠군요. 하지만 조금 다듬은 원고를 다시 돌려보낼 때가 되니 갑자기 날씨도 서늘해졌습니다. 원고를 꼼꼼히 봐 주셔서 정말 고맙습니다.

이 책은 청소년들의 법과 사회에 대한 이해를 돕기 위한 의도로 썼습니다. 그러면서 제가 마음속으로 정한 원칙은 가능한 '법'을 비롯한 전문 용어를 사용하지 않으면서 법과 사회를 이야기하자는 것이었습니다. 법이나 사회를 직접 설명하지 않고 다른 예를 통해서 법과 사회의 근원적 구조나 필요성을 깨달을 수 있는 실마리를 제공해 보고자 한 것이지요. 어차피 가장 중요한 핵심 내용은 제가 어린 독자들에게 가르치는 게 아니라, 스스로 생각하게 하는 것입니다.

이 책의 내용은 근원적인 생각을 스스로 해 볼 수 있게 권유

하는 이야기로 채우고자 하였습니다. 따라서 실제 법 제도와 관련한 구체적 설명은 이 책을 계기로, 다른 수업이나 교과서에서 습득하도록 하는 것이 좋다고 생각합니다. 저는 법이나 사회 제도라는 것도 그 원리는 세상의 다른 이치와 유사한 면을 지니고 있다는 사실을 함께 느껴 보자는 제안을 담고자 했습니다. 장황하게 늘어놓은 인류나 자연 과학에 관한 이야기가 책의 전체적 흐름과는 동떨어진 내용이 아니라, 오히려 자연스럽게 모든 사물과 현상을 연결하여 하나의 관심사로 모아 갈 수 있는 가능성을 보이는 것입니다. 다른 이야기를 길게 하다가 어느 순간 법 이야기로 돌아가고, 그나마 법 이야기는 되도록 간결하게 하는 것이 훨씬 효과적이지 않을까요?

어떻게 보면 원고의 전체적 분위기가 추상적일 수 있습니다. 그러나 하나하나 따져 보면 모두 구체적인 이야기로 꾸며져 있습니다. 법 이야기를 직접 하지 않았다는 의미에서만 가끔 추상적일 따름이지요. 따라서 삭제 의견을 제시한 부분은 한 군데를 제외하고는 모두 살려 두시기를 바랍니다. 각 장의 큰 제목과 작은 제목도 더 고민해 보도록 하겠습니다. 가급적 '법'자가 많이 들어가지 않도록 하는 게 좋다는 생각입니다.

그럼, 수정 의견을 주시길 기다립니다. 등산을 다녀와서, 일요일 오후 무렵 두 번째 편지를 읽을 수 있기를 기대합니다.

 **… 차병직 선생님께**

휴가는 잘 다녀오셨나요? 서울에는 나무가 뽑히고, 간판이 떨어지고, 길을 가는 사람까지 쓸어 갈 것 같은 폭우가 쏟아지는 통에 정신없는 며칠을 보냈습니다.

제가 원고를 읽고 드린 의견에 대해, 손으로 꼼꼼하게 반대 의견을 적어 주신 원고 뭉치를 살펴보면서 원고를 바라보는 시선의 차이를 확인할 수 있었습니다. 저는 이 책이 법을 이해하는 데 도움을 주는 청소년 교양서인 만큼 필자의 의도가 잘 설명될 수 있도록 구체적인 예시나 법률 조항이 필요하다고 생각했습니다. 그렇기 때문에 '기회의 균등'에 대한 부분에서도 구체적인 법률 조항을 제시해야 한다거나, '누진세' 혹은 '초상권' 등을 언급해 주는 것이 필요하겠다는 의견을 드렸던 것이지요. 또한 자연적인 원리나 인류의 진화 과정 등을 설명해 주신 부분에 대해서는 부분적으로 삭제할 것을 제안드렸습니다. 한데 선생님께서는 이러한 추가 항목들이 불필요한 부연이지 않을까 우려를 표하셨고, 부분 삭제에 대해서는 '그런 설명들을 통해 법의 원리를 전하고 싶었다'는 의견을 주셨습니다.

그럼에도 제 의견을 묵살하지 않으시고, 제안과는 다른 방식의 예시를 제시하시거나 간략한 문장을 추가하는 방식을 취해 주시는 한편, 우선은 예를 적어 주셨지만 재차 논의해 보자고 말씀해 주셔서 감사했습니다. 이런 과정을 통해 저 또한 이 책의 강점과 이 책이 독자들에게 어떻게 읽혀야 하는가에 대해 좀 더 구체적으로 인식할 수 있었습니다.

법에 대한 이해를 도와주는 청소년 교양서라고 생각하면 흔히들, 법의 원리를 일괄적으로 제시한 뒤 그에 상응하는 사건을 예로 들거나, 사회적인 사건이나 예술 장르 속에 담긴 법 항목을 찾아내는 방식을 떠올리기 쉽습니다. 하지만 이번 원고에서 선생님께서 채택하신 방식은 일상에서부터 자연, 우주, 역사에 이르기까지 확장된 이야기 속에서 법을 느끼게 하는 것이었습니다. 이를 통해 우리가 법과 얼마나 가까이 살고 있는지, 법이 왜 필요한지에 대해서 이해하고, 스스로 사유하는 힘을 기르기를 원하시는 것이지요. 그 때문에 편집자인 제 입장에서는 '너무 추상적이지 않을까' '청소년 독자들이 이런 의도에 따라갈 수 있을까' 하는 우려가 있었던 것입니다.

이런 맥락에서 이 책에 대한 저와 선생님의 대화는 구체적인 설명을 요구하는 사람과, 추상적인 개념을 자연스럽게 이야기하고자 하는 사람의 충돌이라는 생각이 들었습니다. 하지만 이 충돌이 어느 한 쪽을 좀먹거나 파괴하는 형식이 아니라, 각자 가지고 있는 사고의 체계를 돌아보게 하고, 부족한 부분을 채워 가는 과정이었으면 합니다. 저의 의견이 선생님의 집필 의도를 방해하거나 흩트리는 방식이 아니라, 선생님께서 혹여 놓치신 부분을 다잡고 채우면서, 궁극적으로는 독자들에게 더 큰 이해와 즐거움을 줄 수 있기를 바라고 있습니다.

현재 저는 전반적인 검토와 교정 작업을 진행하고 있는데요, 선생님께서도 이 기간 동안 원고를 찬찬히 살펴봐 주시면 좋겠습니다. 검토가 완료되면 의견을 교환한 후에 제가 찾아뵙도록 하겠습니다.

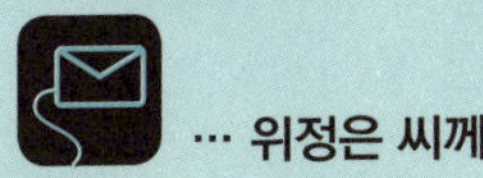

… 위정은 씨께

휴가는 무사히 다녀왔습니다. 천둥 번개가 몰아치는 야쿠시마의 원시림 속을 걸어 7200년이나 됐다는 삼나무를 만났습니다. 하산하는 길엔 비가 내리는 등산로에 앉아 도시락을 먹었지요.

저는 가족들과 빗줄기 속의 트레킹을 즐기고 왔지만, 정은 씨께선 이 원고 정리하는 일에 여름을 모두 써 버리고 말았군요. 어쨌든 덕분에 원고가 점점 완성된 형태를 찾아 가고 있습니다. 보내 주신 의견을 읽고 다시 제 의견을 보탭니다.

원고의 전체적 성격이나 기술의 방향에 대해서는 약간의 근본적 의견 차이가 드러났습니다. 저는 구체적 사례는 기피하지 않지만 자세한 설명은 극도로 꺼립니다. 이 책을 해설서로 만들고 싶지 않기 때문입니다. 또한 구체적 사례가 다른 책보다 많았으면 많았지 적지는 않을 것이라고 믿습니다. 단, 그 사례라는 것들이 법이나 제도와 직접 관련된 것이 아니라는 데 이견의 소지가 있는 것이겠지요.

저는 청소년을 위한 사회적 인문서를 쓰고 싶었습니다. 청소년들에게 구체적 법이나 제도를 설명할 필요도 있을지 모르지만,

그런 선행 학습은 의미가 없다고 생각합니다. 법이나 제도의 원리 또는 근원적 문제에 해당하는 부분의 근방을 스쳐 지나가듯하면서 스스로 생각하고 이해할 수 있는 실마리를 제공하는 것을 이 책의 목표로 삼았습니다. 설명을 하더라도 간접적이고 우회적인 방식을 택하고자 애썼습니다. 단정적이거나 마치 해답처럼 느껴지는 결론은 좋지 않다고 믿기 때문입니다. 그리고 그런 결론이나 해답은 저도 잘 모릅니다.

정은 씨는 통상적인 방식을 잠깐 언급하셨는데, 저는 그런 통상적 방식을 거부합니다. 가능한 다른 사람이 하지 않는 방식을 선호합니다. 이 책은 제가 어린 친구들을 가르치기 위해 쓴 것이 결코 아닙니다. 함께 생각하기 위해 쓴 것입니다. 그 점을 이해해 주시기 바랍니다.

… 차병직 선생님께

여름휴가를 반납하고 원고와 함께 보내는 시간은 황홀한 고통의 순간이었습니다. 해야 할 일 때문에 스스로 반납한 휴식의 시간이라 더욱 그랬겠지요.

선생님께서는 이번 책에서 '이모'라는 설정을 통해 조카와 대화를 나누셨는데요, 저와의 작업에서도 상대를 존중하면서 고민의 방향을 제시하는 모습이 너무 현실적으로 다가왔습니다. 그래서 실제로 기현이 또래의 조카가 있고, 그 조카와 일상적으로 이런 대화를 나누시는 게 아닐까 짐작하게 되었답니다.

요즘 저는 이모와의 대화를 통해 성장해 가는 기현이의 심정이 너무 잘 이해됩니다. 혼자서는 손에 잡히지 않는 고민들이 대화를 통해 점점 형태를 갖추고, 실질적으로 고민하고 이해할 수 있게 되는 과정이라니, 너무나 매력적이잖아요. 선생님의 원고를 읽으면서, 수정 작업을 진행하면서, 제가 이런 방식의 대화에 얼마나 목말랐는지 새삼 깨달을 수 있었습니다. 제 생각이나 의견을 말씀드리면 선생님께서 의견을 주시는 과정을 통해서, 제가 놓치고 있는 부분을 깨닫기도 하고 제 주장을 꺾고 선생님의 의견을 받아들이기도 합니다. 서로 다른 의견을 주고받는다는 것은 그 자체가 긴장되는 경험입니다. 저와 다른 사람의 의견을 수용한다는 것이 매순간 즐거울 수는 없겠지만, 그 또한 성장의 밑거름이 아닐까 생각합니다.

  선생님. 제가 선생님께 제안 드렸던 부분들은 구체적인 법 조항을 언급하거나, 법률적인 부분의 이해를 돕는 부분이었지요. 일방적인 가르침이 아니라 함께 고민을 나누고자 하는 선생님의 의중에 동의하면서도, 조금은 더 친절하고 조금은 더 익숙한 방식이 묻어나야 하지 않을까 고민한 것이지요.

  하지만 분명히 말씀드리고 싶은 것은, 저 역시 교과서적인 구성이나 선별된 지식을 학습하도록 다그치는 책의 꼴을 원하지 않는다는 사실입니다. 특히나 이 책은 우리교육 청소년 교양 시리즈 나◎太의 대문을 여는 책이니까요. 나◎太를 고민하면서 저 역시 일방적인 지식의 전달이 아닌, 필자들이 삶을 통해 획득한 지혜를 나누고, 청소년 독자 스스로가 자기 성장을 확인할 수 있기를 바라는 마음을 중심에 두고 있습니다.

  교정을 보면서 원고를 거듭 읽고, 또 읽으면서 이 책이 하나의 살아 있는 생명체 같다는 느낌이 들었습니다. 매끄러운 뱀처럼 온몸을 휘감고 돌기도 하고, 푸드덕대는 새의 날갯짓이 느껴지기도 하고요. 읽으면 읽을수록, 곱씹으면 씹을수록 새로운 향취가 느껴지는 원고의 장점을 독자들에게 잘 전달하는 것, 이것이 제 몫의 고민이지요.

선생님. 책을 쓰는 과정은 물론, 만드는 과정에서도 끊임없이
열린 대화와 소통을 지향하시는 덕분에 제게 이 책은 여러모로
의미 있는 작업이 되었습니다. 선생님께도 의미 있는 작업이시길,
그리고 이 작업의 의미가 많은 독자들에게 전달될 수 있기를 매
순간 진심으로 바라고 있습니다.

 ⋯ 위정은 씨께

지난 주말 만나서 정리한 것으로 원고 내용을 확정하겠습니다.
조금 아쉬움은 남지만 빨리 정리하는 이점도 있다고 생각합니다.
나머지 부분은 교정지가 나오면 그때 제가 한 번 더 보도록 하겠
습니다.

어제 어린이 책 시민연대라는 어머니 모임의 초청으로 남산의
용산 도서관에 가서 강연을 하였습니다. 아주 즐거웠는데, 마치
고 난 뒤 생각해 보니 원고의 결말 부분을 조금 고칠까 하는 고
민이 생기더라고요. 기현이가 법률가가 되기로 장래 계획을 변경
하는 부분 말입니다. 반드시 그래야 할까라는 생각이 들기 시작

했습니다. 법과 사회를 이해하는 일이 중요하긴 하지만, 이 책의 주인공이나 독자가 법률가가 되어야 한다는 인상을 주어서는 곤란하기 때문입니다. 어떤 직업을 가진 사람이든 법과 사회는 자신의 일부라는 사실을 깨닫는 일이 더 의미가 있습니다. 그래서 기현이가 법률가가 되기로 결심하는 초고의 내용을 바꾸어 원래 희망대로 인류학자가 되도록 도와주려 합니다.

마지막으로 주인공의 이름에 대해 알려 드리겠습니다. 이 책의 초고가 거의 완성될 무렵이었습니다. 그때까지 주인공의 이름을 정하지 못하고 고심을 하고 있었는데, 마침 경주에 살고 있는 제 여동생의 두 딸이 엄마를 따라 서울에 놀러 왔어요. 당시 큰 딸 나현이는 중학생이었고, 동생 기현이는 초등학생이었지요. 그 애들은 며칠인가 놀다가 경주로 돌아갔습니다. 그런데 조카들이 내려간 날 저녁에 귀가해 보니 서재 책상 위에 편지가 놓여 있었습니다. 기현이가 약간 장난스럽게 써 놓고 간 것이었는데, 그 내용은 이랬습니다.

안녕하세요, 저는 기현이라고 합니다.
여기에 외삼촌이 직접 쓴 책이 많더군요.

언제든지 가져가 제가 썼다고 해도 되겠습니다.

그럼 안녕!

P.S 다음 책에는 김나현 이름 대신 김기현으로 써 주시오!

제가 전에 쓴 ≪사람답게 아름답게≫라는 책에 아이들 이름이 많이 나옵니다. 그때 같은 집의 형제자매들은 항렬 때문에 이름이 비슷하여 한 사람씩만 등장시켰습니다. 경주 여동생 집 아이들 중에선 나현이의 이름을 택했지요. 당시 기현이는 아주 어리기도 해서 이름을 넣지 않아도 잘 모를 것이라는 판단도 작용했고요. 그런데 그 사실이 기현이에게는 섭섭했던 모양입니다. 그래서 망설임 없이 이 책의 주인공 이름을 기현이로 정했지요. 제게 깜찍한 메모를 남겼던 기현이가 올해 중학교 2학년이 되었으니, 자신에게 들려주는 이 이야기를 흥미롭게 읽지 않을까 생각합니다.

이제 온갖 미련을 떨쳐 버리고 이 책을 세상에 내놓기로 하겠습니다. 조금 두렵기도 하지만, 저의 생각에 모자라거나 잘못된 부분이 있다면 어린 독자들이 알려 주리라 믿습니다. 이 책을 기현이는 물론 기현이의 친구들, 그 친구들의 친구들까지 좋아하기를 바랍니다.